The truth of the world delicious sandwiches

샌드위치, 어떻게 조립해야 하나?

세계의 정통레시피와 계절별 응용레시피

NAGATA YUI 지음 · 용동희 옮김

Green Home

PROLOGUE

정통 샌드위치의 기본을 알아야
맛있는 샌드위치를 만들 수 있다

베이커리와 카페에서 샌드위치 메뉴를 만든지 18년이 되었습니다.
그곳에서는 '새로운 것' 또는 '적은 비용과 수고로 만들 수 있는 것'을 요구하는 경우가 많았습니다. 하지만 제가 먹고 싶은 샌드위치는 '정통적인 조합'으로 '좋은 품질의 재료를 사용해서 정성껏 만든 샌드위치'였습니다.
맛있는 샌드위치를 정성껏 만들어서 대접하면 그 마음은 손님들에게도 반드시 전해집니다. 대충대충 적당히 만들면, 어째서인지 그 마음 역시 전해집니다.
새로운 메뉴 만들기에만 급급해하지 말고, 정통 메뉴를 더 맛있게 만들기 위해 하루하루 노력한다면, 다른 무엇과도 바꿀 수 없는 나만의 간판메뉴가 탄생할 것입니다. 그것은 샌드위치뿐 아니라 어떤 분야에서도 마찬가지입니다.

그렇기 때문에 이 책에는 '세계의 정통 샌드위치'에 대한 내용을 충실히 담았습니다. 왜냐하면 세계에서 사랑받는 샌드위치에는 '샌드위치 만들기의 기본'이 응축되어 있기 때문입니다.
또한, 샌드위치를 만들면서 저 자신도 몰라서 고민했던 것, 깨달은 것, 꼭 필요한 재료, 자주 받는 질문 등을 '샌드위치의 기초지식'에 정리해서 실었습니다.
'계절별 응용 샌드위치'에서는 정통 샌드위치를 기본으로 샌드위치를 응용하는 테크닉을 계절별로 주제에 맞게 구성하여 구체적인 예와 함께 설명하였습니다.

샌드위치 메뉴가 고민될 때,
이 책을 통해 아이디어의 폭을 넓히고,
탄탄한 기초를 바탕으로 다양한 메뉴를 개발하기를 바라는 마음으로
이 책을 만들었습니다.

이 책이 '맛있는 샌드위치 만들기'에 도움이 된다면 정말 기쁘겠습니다.

NAGATA YUI

CONTENTS

샌드위치의 기초 지식 Ⅰ ······ 9
    빵 ······ 10

세계의 정통 샌드위치 ······ 21
    정통 샌드위치의 기본 구성 ······ 22

🇬🇧 England
로스트비프 샌드위치 ······ 28
    로스트비프 샌드위치 ······ 30
    비프 파스트라미 & 감자튀김 샌드위치 ······ 32
    로스트포크 & 샤르퀴트리 소스 샌드위치 ······ 33

티 샌드위치 ······ 34
    오이 샌드위치 ······ 36
    햄 & 머스터드 ······ 38
    체다치즈 & 오이 ······ 38
    훈제연어 & 허브 크림치즈 ······ 38
    달걀 & 크레스 ······ 39
    오렌지 마멀레이드 & 버터 ······ 39
    Column 빅토리아 샌드위치 ······ 39

올 데이 브렉퍼스트 ······ 40
    올 데이 브렉퍼스트 샌드위치 ······ 41
    올 데이 브렉퍼스트 파니노 ······ 42
    잉글리시 머핀 브렉퍼스트 오믈렛 샌드 ······ 43

🇫🇷 France
바게트 샌드위치 ······ 44
    장봉 프로마주 ······ 46
    푸름 당베르 & 페퍼싱켄 ······ 48
    카망베르 & 컨트리로스트 ······ 48
    샐러드를 넣은 바타르 샌드위치 ······ 49
    Column 쇼콜라 바게트 샌드위치 ······ 49

타르틴 ······ 50
    리예트 타르틴 ······ 52
    푸름 당베르 & 바나나 ······ 54
    카망베르 & 사과 ······ 54
    Column 프랑스의 아침식사 ······ 55

크로크 무슈 ······ 56
    크로크 무슈 ······ 57
    크로크 마담 ······ 58
    당근 글라세의 그라탱풍 크로크 무슈 ······ 59
    단호박 & 베이컨의 그라탱풍 크로크 무슈 ······ 59

팡 바냐 ······ 60
    팡 바냐 ······ 61
    니스풍 포테이토 샐러드의 비에누아 샌드 ······ 62

라타투이와 살라미의 치아바타 샌드 …… 63
팽 쉬르프리즈 …… 64
팽 쉬르프리즈 …… 65

America
BLT …… 66
BLT …… 68
시저 샐러드풍 BLCT …… 70
BLAT …… 71
클럽 샌드위치 …… 72
클럽 샌드위치 …… 74
스페셜 클럽 샌드위치 …… 76
탄두리치킨 클럽 샌드위치 …… 77
루벤 샌드위치 …… 78
루벤 샌드위치 …… 80
크레송 & 사과 & 블루치즈 핫 파스트라미 샌드 …… 82
루벤 파니노 …… 83
베이글 샌드위치 …… 84
베이글 & 록스 …… 85
견과류 꿀절임 & 크림치즈 …… 86
블루베리 & 크림치즈 …… 86
생햄 & 토마토 크림치즈 …… 87
에그 베네딕트 …… 88
에그 베네딕트 …… 89
따뜻한 마요소스를 얹은 모르타델라 에그 베네딕트 …… 90
베샤멜치즈 소스를 얹은 페퍼싱켄 에그 베네딕트 …… 91
부리토 …… 92
그릴치킨 부리토 …… 93
베지테리언 부리토 …… 94
햄 & 치즈 & 과카몰리 부리토 …… 95
피넛 버터 & 젤리 …… 96
몬테 크리스토 …… 97

Germany
칼테스 에센 …… 98
칼테스 에센 …… 100
레버부르스트 & 크림치즈 샌드위치 …… 102
메트부르스트 & 과카몰리 품퍼니켈 샌드위치 …… 103
부르스트브뢰첸 …… 104
브라트부르스트브뢰첸 …… 105
커리부르스트브뢰첸 …… 106
사워크라우트 & 허니머스터드 핫도그 …… 106
레버케제젬멜 …… 107
샐러드풍 비어싱켄 카이저 샌드 …… 107

Italia
파니노 …… 108
프로슈토 & 루콜라 파니노 …… 110
카프레제풍 샐러드 파니노 …… 112
콰트로 포르마지 & 살라미 파니노 …… 113
모르타델라 파니노 …… 113
Column 이탈리아의 식빵 샌드위치 …… 113

Nordic Countries
스모러브로드 …… 114
훈제연어 & 스모러브로드 …… 116
새우 & 삶은 달걀 스모러브로드 …… 118
로스트비프 스모러브로드 …… 119
마리보 스모러브로드 …… 119

Middle East
팔라펠 …… 120
팔라펠 …… 122
채소튀김 피타 샌드 …… 124
케밥풍 불고기 샐러드 피타 …… 125
Column 터키 샌드위치 …… 125

Vietnam
반미 …… 126
반미 팃 …… 128
누오크 맘 닭튀김 & 스위트칠리 샐러드 반미 …… 130
베트남풍 불고기 반미 …… 131

Japan
돈가스 샌드위치 …… 132
돈가스 샌드위치 …… 134
히레가스 샌드 …… 136
비프가스 샌드 …… 136
닭튀김 캉파뉴 샌드 …… 137
곳페빵 샌드위치 …… 138
야키소바빵 …… 139
나폴리탄빵 …… 140
마카로니 샐러드빵 …… 140
고로케빵 …… 141
과일 샌드위치 …… 142
과일 샌드위치 …… 143

계절별 응용 샌드위치 …… 145
응용 샌드위치의 조립 방법 …… 146

봄 …… 150

LESSON 1
제철재료로 만든다_제철재료 샌드위치 Ⅰ …… 152
봄양배추 듬뿍 돈가스 샌드위치 …… 153
봄양배추 듬뿍 크로켓 샌드 …… 154
봄양배추 마리네이드 루벤 샌드위치 …… 154
봄양배추 콜슬로&햄 샌드 …… 155
봄양배추 듬뿍 소금맛 야키소바빵 …… 156
새콤달콤 닭튀김 샌드 …… 157
봄양배추 스파이시 핫도그 …… 157

LESSON 2
제철재료가 포인트가 된다_제철재료 샌드위치 Ⅱ …… 158
유채 & 벚꽃절임 & 프로슈토 바게트 샌드위치 …… 159
머위미소 핫도그 …… 160
햇양파 마리네이드 & 훈제연어 호밀빵 샌드 …… 161
우엉 샐러드를 넣은 BLT …… 161

LESSON 3
과일을 사용한다_디저트 샌드위치 …… 162
딸기 디저트 샌드위치 …… 163
한라봉 & 크림치즈 호두빵 샌드 …… 164
마스카르포네 & 말린 과일 브리오슈 샌드 …… 165

LESSON 4
야외에서 먹을 메뉴를 만든다 _피크닉 샌드위치 …… 166
피크닉 박스 샌드위치 …… 167
튀김 샌드위치 세트 …… 167
미니 샌드위치 버라이어티 박스 …… 168
프랑스풍 피크닉 바스켓 …… 169

여름 …… 170

LESSON 5
차가워도 맛있는 조합을 생각한다_샐러드 샌드위치 …… 172
오리엔탈 샐러드 샌드 …… 173
당근 라페&생햄&크림치즈 치아바타 샌드 …… 174
연어 마리네이드 & 아보카도 샐러드 샌드 …… 175

    크루아상 샐러드 샌드 2종 …… 176
    파프리카 치킨 시저 샐러드 샌드 …… 177

LESSON 6
향신료와 허브로 개성을 살린다
    _에스닉풍 샌드위치…… 178
    허브 소시지를 넣은 샐러드풍 도그 …… 179
    과카몰리 & 갈릭 소시지 도그 …… 180
    탄두리치킨 & 호박 샌드위치
        오이 & 치즈 샌드위치 …… 181
    불고기 & 나물 샌드위치 …… 182
    훈제치킨 & 오이의 그리스풍 피타 샌드 …… 183

가을 …… 184

LESSON 7
갓 구워서 제공한다_핫 샌드위치…… 186
    라타투이 & 미트 소스를 넣은 라자니아풍 크로크 무슈 …… 187
    버섯크림 & 로스트치킨 파니노 …… 188
    양송이 & 에스카르고 버터 타르틴 …… 189
    햄치즈 잉글리시 머핀 샌드 …… 189

LESSON 8
빵과 잘 어울리는 요리를 이용한다
    _구르메 샌드위치 …… 190
    슈쿠르트 샌드위치 …… 191
    에그 베네딕트풍 피페라드 …… 192
    스페인풍 오믈렛 샌드 …… 193
    리용풍 샐러드 토스트 샌드 …… 193

LESSON 9
와인과 잘 어울리는 조합을 생각한다
    _고급재료로 만든 미니 샌드위치 …… 194
    에피타이저 미니 샌드위치 …… 195
    주메뉴 미니 샌드위치 …… 196
    디저트 미니 샌드위치 …… 197

겨울 …… 198

LESSON 10
파티 메뉴를 생각한다_파티 샌드위치 …… 200
    와인과 어울리는 핀초스풍 샌드위치 …… 201
    타원형 접시에 담은 파티 샌드위치 …… 202
    직사각형 접시에 담은 파티 샌드위치 …… 203
    키즈 파티 샌드위치 …… 204
    팽 쉬르프리즈 버라이티 …… 205

LESSON 11
동양 식재료를 사용한다_오리엔탈 샌드위치 …… 206
    돼지고기 미소 꿀조림 & 미나리 & 우엉 피셀 …… 207
    차슈 & 토란튀김 클럽 샌드위치 …… 208
    동파육 리예트 & 으깬 토란 바게트 샌드 …… 209
    연근 스테이크 & 베이컨 버거 …… 209

샌드위치 만들 때 가장 중요한 점 …… 210

샌드위치의 기초 지식 II …… 213

    버터 …… 214
    치즈 …… 216
    육가공품 …… 222
    소스와 조미료 …… 226
    채소 밑준비 …… 230
    샌드위치의 조립 방법 …… 234

  • 계량단위
    1큰술 = 15㎖
    1작은술 = 5㎖

SANDWICH,

빵 사이에 재료를 넣는 요리는 오래전부터 있었던 것으로 보이나 오늘날 같은 형태의 샌드위치가 개발된 것은 18세기 영국에서 시작되었다. 영국의 샌드위치 지방을 다스렸던 존 몬터규 백작(John Montagu, 1718~1792)이 먹기 시작해서 그 음식의 이름을 '샌드위치'라 불렀다. 만일 그가 다른 도시의 백작이었다면 우리가 먹는 샌드위치 이름도 다르게 불렸을 것이다. 영국 켄트 주의 영주였던 샌드위치가(家)의 4대 백작 존 몬터규. 그는 식사를 거르면서 밤새워 놀음할 정도로 도박광이었다고 한다. 어느 늦은 밤, 친구들과 카드게임에 열중하느라 식사시간을 놓쳤는데, 도저히 배가 고파서 참을 수 없게 되자 하인을 시켜 로스트비프와 빵을 가져오게 했다. 그러고는 얇게 썬 빵 두 쪽 사이에 차가운 쇠고기를 끼워서 먹었다. 당시 귀족들은 격식을 차려 식사하는 것이 일반적이었기 때문에 이런 식사법은 상류귀족층에서는 보기 힘든 파격적인 것이었다. 이렇듯 샌드위치가 카드놀이에서 유래되었다는 이야기가 사실인지는 확실하지 않지만, 그 당시에 함께 했던 사람들이 보기에는 너무나도 간편한 식사였던 것은 확실했다. 그래서 귀족들이 너나 할 것 없이 이를 따라했고, 이후에 이 음식을 '샌드위치'로 불렸던 것이다. 샌드위치 백작이 정말 샌드위치를 고안한 최초의 발명자일까? 샌드위치의 정의를 '사각형으로 얇게 자른 빵에 재료를 넣은 것'이라고 한다면 샌드위치 백작이 처음 고안했다고 볼 수 있다. 하지만 샌드위치와 유사한 음식은 그전에도 있었다. 얇게 썬 두 쪽의 빵 사이에 고기, 치즈 및 다른 재료들을 끼워서 먹는 방법은 고기와 빵을 먹기 시작한 것만큼이나 역사가 오래되었다. 시초는 2,000년 전 고대 로마인으로 추정된다. 유럽의 다른 지역에도 이와 비슷한 요리가 있었으며, 로마뿐 아니라 러시아에서도 이와 같은 식습관이 널리 퍼져 있었다. 프랑스에서는 서민들이 아주 오래전부터 들판에서 일하다가 두툼한 검은 빵 조각 사이에 찬 고기를 끼워 넣어 먹었다. 이런 음식문화가 세계 곳곳에 있었기 때문에 더 빨리 샌드위치가 확산되었으리라 짐작된다.

샌드위치의 기초 지식
I

빵

기본 재료인 밀가루, 소금, 물, 효모로만 만드는 저배합 하드빵과 버터, 우유, 달걀, 설탕 등을 넣어서 만드는 고배합 소프트빵, 그리고 중간 정도의 빵과 그 밖에도 틀에 넣어 구운 빵, 얇게 펴서 만든 빵, 큰 빵, 작은 빵, 호밀빵, 통밀빵, 잡곡빵 등 세계에는 여러 가지 배합과 여러 가지 모양의 빵이 있다. 샌드위치를 만들기 전에 먼저 각각의 빵의 특성을 알아두자. 자르는 두께, 자르는 방법, 구워서 만들지 그대로 만들지 등 빵 고유의 맛을 살리는 방법으로 속재료와 빵의 균형을 고려해서 만들면 완성된 샌드위치의 맛은 크게 달라진다. 이 책에 나오는 기본 빵과 자르는 방법을 소개한다.

식빵

식빵은 프랑스어로 '팽 드 미(pain de mie)'라고 부른다. 미(mie)는 '빵의 속'을 말하며, 바게트처럼 딱딱한 바깥 껍질(crust)을 즐기는 빵과 달리, 부드러운 속을 즐기는 빵이라는 의미이다. 영국에서 만들어진 것으로 알려진 원조 '샌드위치'는 식빵으로 만들었으며, 우리나라에서도 샌드위치를 만들 때 가장 많이 사용하는 빵이다.

사각식빵 pullman bread
반죽을 틀에 넣은 다음 뚜껑을 덮고 구워서 촉촉하고 부드러운 맛이 난다. 버터, 설탕, 탈지분유 등을 넣어서 은은한 단맛이 있다. 샌드위치에 사용하는 기본 빵이다.

둥근식빵 산형식빵, open top bread
뚜껑을 덮지 않고 구워서 반죽이 위로 부풀고, 사각식빵에 비해 기포가 크고 결이 거칠다. 영국 신사의 높은 모자를 닮았다고 해서 '영국빵'이라고 부르기도 한다.

통밀식빵 whole wheat bread
통밀로 만든 식빵으로 브라운 브레드(Brown bread), 그레이엄 브레드(Graham bread)라고 부르기도 한다. 몸에 좋은 건강빵으로 점점 인기가 높아지고 있다.

POINT

사각식빵의 기본 두께는 12㎜(가운데 사진).
10㎜(왼쪽 사진)는 티 샌드위치에, 18~20㎜는 돈가스 샌드위치에 적합하다.

둥근식빵의 기본 두께는 15㎜(가운데 사진). 볼륨 있는 속재료를 넣을 경우 조금 두꺼운 20㎜(오른쪽 사진)를 사용하지만, 속재료와 균형을 맞추기 위해서라면 12㎜를 사용해도 좋다.

두께가 다른 빵에 같은 분량의 달걀 샐러드를 넣어서 비교해 보면, 균형의 차이를 쉽게 알 수 있다.

프랑스빵

프랑스에는 '팽 트래디셔널(Pain traditionnel)'이라고 부르는 전통적인 빵이 있다. 가장 대표적인 것이 바게트로 밀가루, 효모, 소금, 물의 간단한 배합이어서 밀의 풍부한 풍미를 맛볼 수 있다. 그 밖에 호밀이나 통밀로 만든 빵과 천연효모(levain)를 사용한 빵은 고유의 풍미와 향, 깊은 맛을 즐길 수 있다.

바게트 Baguette

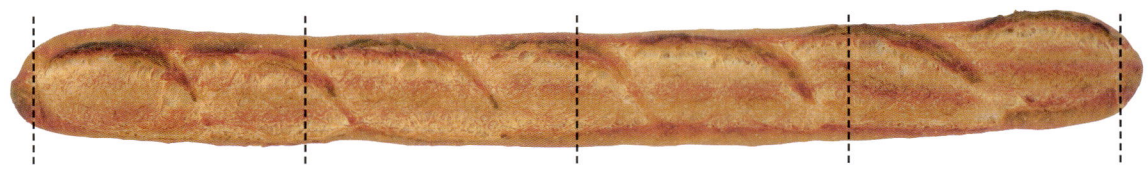

프랑스에서 가장 일반적인 빵으로, 샌드위치에도 많이 사용된다. 껍질의 고소함이 맛의 포인트. 버터를 듬뿍 바르고 좋은 속재료를 사용하여 샌드위치를 만든다.

POINT
4등분하면 1인분으로 적당하다. 가로로 평평하게 자르기보다 조금 위쪽에서 비스듬히 칼집을 내는 것이 좋다.

바타르 Batard

바게트와 같은 반죽으로 만들지만 바게트보다 두껍고 짧으며, 속부분이 두꺼워서 껍질의 고소함과 속의 촉촉함을 모두 즐길 수 있는 빵이다.

POINT
작은 샌드위치를 만들고 싶을 때는 수직으로 자르고, 큰 샌드위치를 만들고 싶을 때는 30~40㎜ 두께로 어슷하게 썬다. 가운데에 칼집을 내서 V자 모양으로 만들면 속재료를 끼워 넣기 쉽다.

팽 오 세글 Pain au seigle

호밀이 10~65% 들어간 프랑스의 호밀빵. 호밀을 넣는 비율에 따라 식감과 맛이 달라진다. 견과류와 말린 과일을 넣은 호밀빵은 치즈와도 잘 어울린다.

POINT
10㎜를 기본으로, 빵의 식감에 따라 두께를 조절한다.

팽 드 캉파뉴 Pain de Campagne

길쭉한 모양

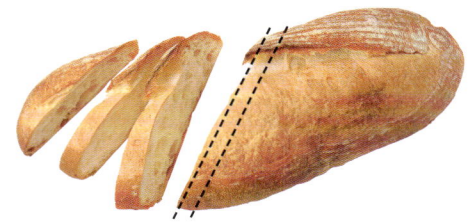

둥근 모양

밀가루에 호밀가루나 통밀가루를 섞어서 만드는 시골빵. 프랑스에서는 각 지방마다 고유의 모양으로 빵을 만들지만, 우리나라에서는 둥근 모양과 길쭉한 모양이 일반적이다. 천연 효모를 사용한 것을 '팽 오 르뱅(Pain au levain)'이라 부르며, 풍미가 강하고 독특한 향을 즐길 수 있다.
샌드위치를 만들 때 길쭉한 모양은 균일한 크기로 자를 수 있어 편리하지만, 둥근 모양은 크기가 일정하지 않아서 어떤 방법으로 샌드위치를 만들지 고민해 볼 필요가 있다.

POINT
타르틴(P.50 참조)을 만들 경우에는 15㎜, 샌드위치를 만들 경우에는 12㎜ 두께가 기본으로, 빵의 식감에 맞게 자른다. 부드러운 빵의 경우 두껍게 잘라도 좋은데 구울지, 그대로 사용할지에 따라서 두께가 달라진다.

비에누아즈리 Viennoiserie

비엔나풍이라는 뜻의 프랑스어. 비엔나에서 전해진 버터와 계란 등을 듬뿍 넣은 고배합 빵을 말한다. 층층이 버터를 넣어 만든 크루아상과 달걀, 버터를 듬뿍 넣은 브리오슈 등이 있다.

- -

크루아상 Croissant
발효반죽에 층층이 버터를 넣어 파이처럼 만든 빵이다. 크루아상은 초승달을 의미하는데, 프랑스에서는 버터 외의 유지류를 넣을 때는 초승달 모양으로, 버터만 넣을 때는 마름모 양으로 만드는 경우가 많다. 프랑스에서는 보통 샌드위치 빵으로는 사용하지 않지만, 우리나라에서는 크루아상 샌드위치도 많이 먹는다.

POINT
조금 위쪽에서 비스듬히 칼집을 낸다.

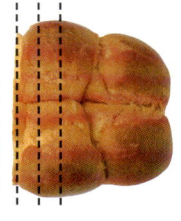

브리오슈 드 낭테르
Brioche de Nanterre
달걀과 버터를 듬뿍 넣어서 단맛이 있는 고배합 빵. 요리와도 잘 어울려서 프랑스에서는 소시지를 끼워서 먹거나 푸아그라와 함께 먹기도 한다.

POINT
12mm 정도로 자른다.

팽 비에누아 Pain viennois
은은한 단맛을 가진 고배합 세미하드 빵. 쉽게 베어 먹을 수 있고, 결이 촘촘하여 샌드위치로 만들면 좋다. 달걀과 참치 등 부드러운 재료와 잘 어울린다.

POINT
조금 위쪽에서 비스듬히 칼집을 낸다.

독일빵

독일빵이라고 하면 대부분 짙은 색의 단단한 호밀빵을 생각하지만, 실제로는 여러 종류의 빵이 있다. 추운 북부 지방에서는 호밀을 많이 재배하여 호밀빵을 주로 만들고, 남부에서는 밀 재배가 많아 밀가루 빵을 주로 만든다. 브뢰첸(Brötchens)이라는 작고 흰 빵은 아침으로 많이 먹고, 샌드위치도 이 빵으로 만드는 경우가 많다.

독일 호밀빵의 특징은 사워(Sour)종을 사용한다는 것이다. 사워종은 호밀가루로 만든 발효종으로, 독특한 신맛과 풍미가 있어서 독일빵 고유의 깊은 맛을 만들어 낸다.

브뢰첸 Brötchens
브뢰첸은 독일어로 크기가 작은 빵을 통틀어 부르는 이름이다. 바삭한 껍질과 가벼운 식감을 가진 오스트리아의 카이저젬멜(Kaisersemmel)이라는 롤빵도 독일에서 많이 먹는 빵이다. 쉽게 베어 먹을 수 있으며, 어떤 속재료와도 잘 어울린다.

POINT
조금 위쪽에서 비스듬히 칼집을 낸다. 위아래로 2등분해도 좋다.

POINT
7mm 정도로 자른다.

베를리너 란드브로트 Berliner Landbrot
밀가루보다 호밀가루를 많이 넣은 베를린 지방의 시골빵. 납작하고 길쭉한 모양으로 겉면에 금이 간 것처럼 보이는 무늬가 특징이다. 식감이 쫄깃해서 치즈와 생햄 등을 넣어서 간단한 샌드위치를 만들면 잘 어울린다.

바이첸미슈브로트 Weizenmischbrot
독일에서 가장 일반적인 빵으로 호밀가루보다 밀가루를 많이 넣어서 부드럽다.

POINT
10mm 정도로 자른다.

POINT
5mm 정도로 얇게 자른다.

품퍼니켈 Pumpernickel
100% 호밀가루로 만든 독일 북부 베스트팔렌 지방의 전통적인 검은 빵. 뜨거운 물을 넣은 오븐에서 오랫동안 찌듯이 구워서 식감이 쫄깃쫄깃하다.

이탈리아빵

이탈리아빵은 밀가루의 향을 살린 심플하고 소박한 것이 많다. 반죽에 올리브유를 넣거나 발라서 굽기도 하고, 샌드위치에도 버터보다 올리브유를 사용하는 경우가 많다.

치아바타 Ciabatta
이탈리아 북부 롬바르디아 지방에서 만들어진 납작한 빵. 치아바타란 '슬리퍼'를 의미한다. 껍질은 바삭하고, 속에는 큰 기포가 있으며, 적당히 촉촉하다. 유럽과 미국에서 샌드위치용 빵으로 많이 사용한다.

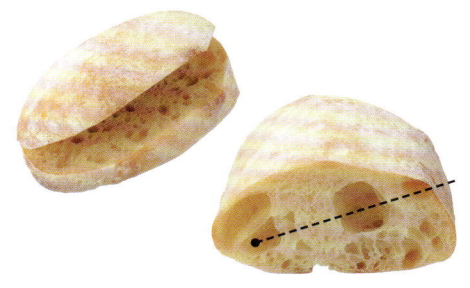

POINT
조금 위쪽에서 비스듬히 칼집을 낸다.

포카치아 Focaccia
이탈리아 북서부 제노바 지역에서 처음 만들어진 납작한 전통빵. 납작하게 민 반죽에 올리브유를 듬뿍 바르고, 손끝으로 구멍을 낸 다음 굽는다. 로즈메리, 드라이 토마토, 올리브 등을 올려서 심플한 피자처럼 즐길 수도 있다. 식감이 부드럽다.

POINT
위아래로 2등분한다.

그 밖의 빵

기본적인 빵 외에도 세계에는 여러 종류의 빵이 있다. 그 중에서 샌드위치에 어울리는 빵을 소개한다.

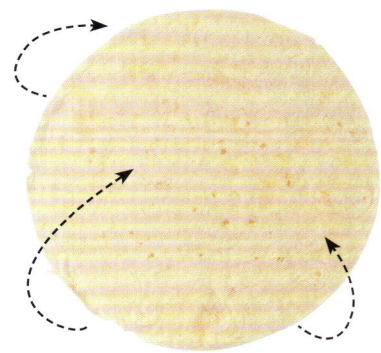

토르티야 Tortilla
오래전부터 멕시코에서 만들어온 빵으로, 옥수수가루를 이용하여 얇게 구운 무발효빵을 토르티야(또는 또띠아)라고 한다. 밀가루로 만든 것은 플라워 토르티야라고 하며, 북미 지역에서는 토르티야에 속재료를 듬뿍 넣고 말아서 만든 랩 샌드위치를 많이 먹는다. 시판용 냉동제품도 있다.

POINT
토르티야는 자르지 않고 위에 재료를 올린 다음 말아서 사용한다.

콧페빵

소시지를 끼워서 먹는 핫도그 번처럼 야키소바, 나폴리탄, 크로켓 등을 넣어서 먹는 빵. 일본에서 1935년경부터 학교급식용 빵으로 보급되었으며, 식빵 반죽으로 만들어서 부드럽다.

POINT
위에서 세로로 칼집을 내도 좋고, 조금 위쪽에서 비스듬히 칼집을 낸다.

베이글 Bagel

유대인들이 만들기 시작한 빵으로 뉴욕을 비롯하여 미국 전지역에서 인기가 높고, 우리나라에서도 많이 먹는다. 반죽을 먼저 끓는 물에 한번 데친 다음 구워서 식감이 쫄깃쫄깃하다. 반죽에 치즈, 말린 과일, 견과류 등을 넣는 경우도 많다. 크림치즈를 발라서 먹으면 맛있다.

POINT
위아래로 2등분한다.

피타 Pita

중동지역에서 주로 먹는 둥글고 납작한 플랫브레드. 포켓브레드라고도 한다. 고온에서 단시간에 구워서 속에 빈 구멍이 생기는 것이 특징이다. 반으로 자르고 가운데 빈 부분에 여러 가지 재료를 채워서 샌드위치를 만든다.

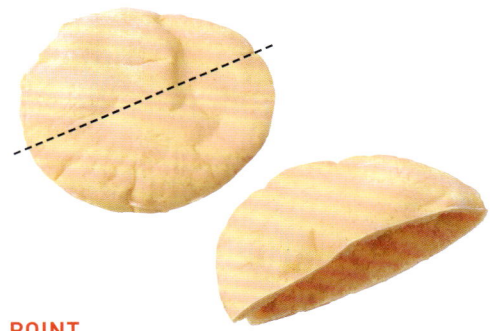

POINT
반을 잘라서 가운데 부분을 열어 주머니 모양으로 만든다.

잉글리시 머핀 English Muffin

전용 틀로 굽는 영국의 전통적인 빵. 속재료를 넣은 다음 한 번 더 구워서 먹기 때문에 완전히 익히지 않는다. 수분이 많고 쫄깃한 반죽이 특징이며, 핫 샌드위치에 적당하다.

POINT
포크를 사용하여 위아래로 2등분한다.

팽 쉬르프리즈 자르는 방법

프랑스에서 파티용 샌드위치로 잘 알려져 있는 '팽 쉬르프리즈'는 큰 빵의 속을 도려내서 샌드위치를 만든 다음, 다시 원래의 빵에 넣어서 만든 것이다. (p.64~65 참조) 여기서는 쉬르프리즈를 만들 때 빵을 자르는 방법을 소개한다.

팽 쉬르프리즈에 적합한 빵

빵 속을 도려내서 사용하기 때문에 부드러운 것보다 단단한 것이 좋다. 여기서는 원형 타르트틀에 반죽을 넣어서 만든 팽 오 세글을 사용한다. 높이가 있는 빵이 쉬르프리즈를 만들기 쉽기 때문에 높은 틀이 없을 경우에는 원형틀 2개를 겹쳐서 고정시킨 다음 사용해도 좋다.

기본 방법

높이가 있는 큰 빵을 뚜껑 - 속 - 용기 3부분으로 나눈다.

1. 빵의 윗부분을 자른다.

2. 빵 가장자리에서 10mm 안쪽에 수직으로 칼을 넣고 한바퀴 돌린다. 이 때 빵 바닥을 자르지 않도록 주의한다. 그 다음은 바닥에서 10mm 정도의 높이에, 바깥쪽에서 바닥과 수평으로 칼을 넣는다. 3cm 정도만 칼집을 내고, 그 다음은 칼을 좌우 수평으로 움직이되 칼집이 커지지 않도록 주의하면서 잘라 속을 도려낸 후, 속과 겉부분의 빵을 분리한다. 바닥을 분리할 때는 중간에 칼을 빼서 칼날의 방향을 바꾸어 자르면 쉽다.

응용 방법

원기둥 모양의 빵으로 만드는 경우가 많지만 빵 모양이 달라도 응용이 가능하다. 둥근 식빵의 경우, 작은 것이 만들기 쉽다.

1. 빵의 윗부분을 자르고 원기둥 모양의 빵으로 만들 때와 같은 방법으로 속을 도려낸다. 사각식빵의 경우 대각선으로 2곳에 칼집을 내서 바닥과 속을 분리하면 쉽다.

5. 완성된 샌드위치를 원래의 빵 안에 넣는다. 아래 사진처럼 뒤집어서 덮어씌우듯이 넣으면 쉽다.

4. 샌드위치를 만든 다음 본래 모양대로 쌓아서 먹기 좋은 크기로 자른다.

3. 도려낸 속은 가로로 10㎜ 두께가 되게 자른다. 샌드위치를 만들기 위해 자른 조각의 수가 짝수가 되도록 주의하면서 자르고, 원하는 두께로 잘라도 좋다. 자른 빵에 원하는 속재료를 넣어서 샌드위치를 만든다.

6. 똑바로 놓고 뚜껑을 덮은 다음 리본 등으로 장식한다.

2. 샌드위치에 넣을 속재료의 두께를 고려해서, 도려낸 속의 끝부분을 10㎜ 정도 잘라내 버리면 나중에 샌드위치를 만들어서 다시 넣을 때 편하다.

3. 2를 30㎜ 두께로 자른 다음, 각각 V자로 칼집을 낸다. 이렇게 하면 속재료가 아래로 빠져나오지 않아서, 넣고 꺼낼 때나 들고 먹을 때 편하다.

4. 원하는 속재료를 넣고 샌드위치를 만든 다음, 원래의 빵에 넣는다. 샌드위치를 먹기 좋게 반으로 잘라도 좋다.

세계의 정통 샌드위치

정통 샌드위치의 기본 구성

내가 생각하는 정통 샌드위치란 무엇인가?

정통 샌드위치란 무엇인가?
왜 정통 샌드위치에 대해서 알아야 할까?

세계각지에서 널리 사랑받고 있는 샌드위치에는 각각의 샌드위치가 가진 특별한 '맛의 비법'이 담겨 있다.

그 지역 고유의 빵, 속재료, 소스에는 그 재료가 아니면 안 되는 이유가 있고, 그 재료들을 조합하면 맛있는 샌드위치가 완성된다.

예를 들어 오이만으로 만든 샌드위치(p.34~37)의 경우, 한눈에 보기에도 너무 간단한 조합이지만 간단한 이유를 알게 되면 보는 관점이 달라진다.

이 책에서는 세계 각국의 샌드위치 메뉴 중에서 우리에게 익숙한 조합, 우리나라에서도 만들기 쉬운 것, 원래는 샌드위치가 아니지만 샌드위치와 비슷한 방법으로 먹는 빵, 그리고 무엇보다도 저자 자신이 맛있게 먹은 샌드위치를 중심으로, 세계 7개국과 2개 지역에서 25가지 메뉴를 선정해 '정통 샌드위치'라고 하였다. 또한 각각의 정통 샌드위치의 특징을 설명하고 기본 레시피, 문화적 배경과 유래, 응용 메뉴 등을 소개하였다.

빵과 속재료의 균형

세계의 정통 샌드위치를 여러 각도에서 찾아보던 중, 빵과 속재료의 균형에는 3가지 유형이 있음을 알게 되었다.

A – 빵의 비율이 높고, 속재료의 비율이 낮은 것
B – 속재료의 비율이 높고, 빵의 비율이 낮은 것
C – 빵과 속재료의 비율이 같은 것

샌드위치라면 이 분류에 속하는 것이 당연하지만, 실제로 샌드위치를 잘라서 자른 면을 살펴보면 여러 가지 사실을 발견할 수 있다. 빵에 비해 속재료의 양이 지나치게 많은 것과 빵에 비해 속재료가 지나치게 적은 것은 균형면에서 큰 차이가 있다.

예를 들어, 이 책에서 프랑스의 정통 샌드위치로 소개한 장봉 프로마주, 팡 바냐, 크로크 므슈는 아래와 같이 분류할 수 있다.

A – 빵의 비율이 높고, 속재료의 비율이 낮은 것
 = 장봉 프로마주(바게트 샌드위치)
B – 속재료의 비율이 높고, 빵의 비율이 낮은 것
 = 팡 바냐
C – 빵과 속재료의 비율이 같은 것
 = 크로크 므슈

빵과 속재료의 균형은 각각의 특징을 살리고 샌드위치의 맛을 결정하는 중요한 포인트이며, 모든 샌드위치를 만드는 데 기본이 된다.

또한, 샌드위치를 분해함으로써 샌드위치의 기본 구성을 명확하게 알 수 있다.

샌드위치 = 빵 + 유지류 + 주재료 + 소스 + 포인트 재료

빵과 주재료만으로도 샌드위치는 만들 수 있지만, 대부분의 정통 샌드위치는 버터(유지류), 맛을 결정하는 소스, 맛의 포인트가 되는 재료를 사용한다는 것을 알 수 있다.

정통 샌드위치에는 '보편적인 맛'이 있다

정통 샌드위치는 왜 정통이 되고, 시대와 문화를 초월하여 지속적으로 사랑받아 왔던 것일까?

그 이유는 '보편적인 맛' 때문이다.

표1_빵과 속재료의 균형 비교(프랑스 정통 샌드위치의 경우)

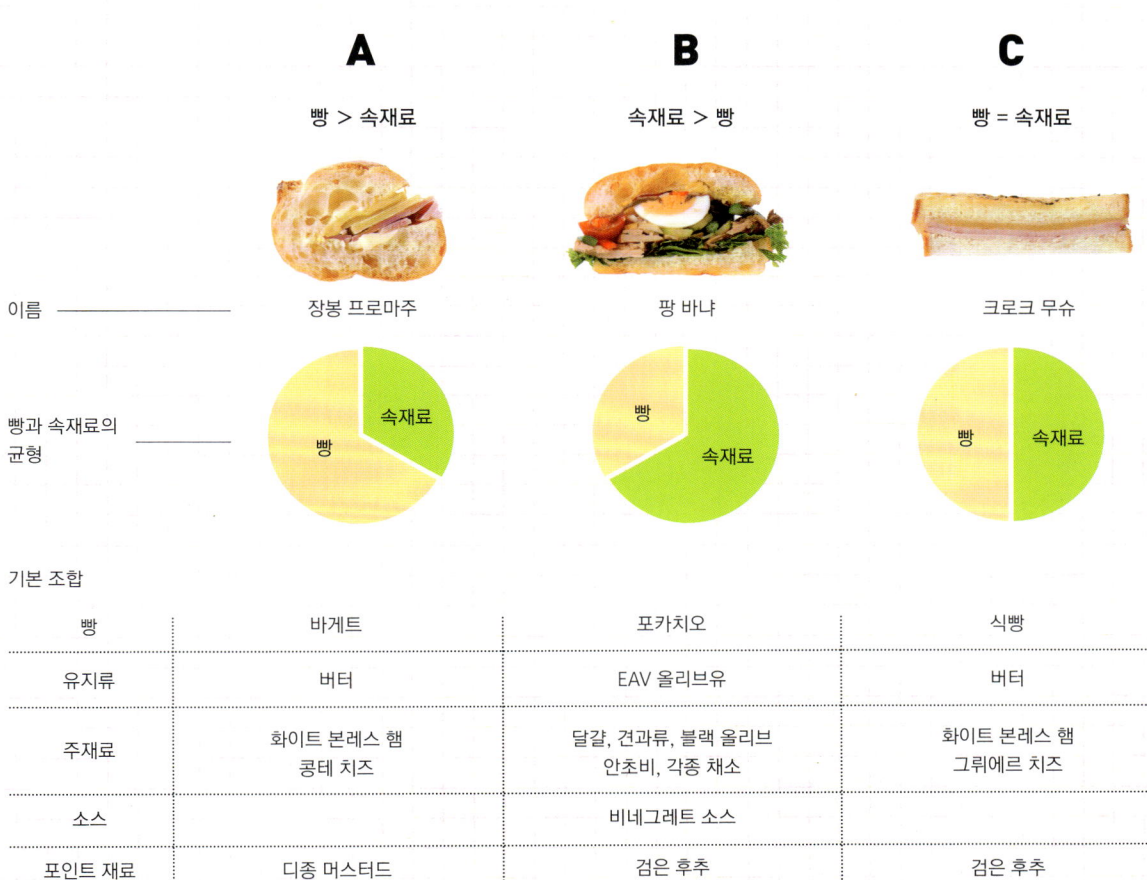

그렇다면 이 '보편성'은 어디에서 생겨나는 걸까?
 여러 가지 면에서 생각할 수 있지만, 빵 종류, 두께, 속재료의 선택, 소스·허브·향신료의 사용 방법, 조합 순서와 자르는 방법 등 하나하나가 모두 맛을 좌우하는 요소가 된다.
 정통 샌드위치에는 '샌드위치 만들기의 기본'이 모두 담겨 있기 때문에 정통에 대해 분석해야 한다.

속재료 선택의 중요성

정통 샌드위치를 만들 때 가장 중요한 점은 어떤 속재료를 선택하는가이다.
 예를 들어, 바게트 샌드위치 중 가장 기본적인 '장봉 프로마주'는 바게트에 버터를 듬뿍 바르고 질 좋은 햄(이 책에서는 화이트 본레스 햄)과 치즈(콩테)를 넣는 것이 전부이다. 만약 버터 대신 마가린을, 고급햄 대신 저렴한 로스햄을, 콩테 대신 가공치즈를 대신 넣는다고 생각해보자.[1] 이 샌드위치는 '정통 샌드위치'라고 부를 수 없을 것이다. 하지만 2종류의 샌드위치를 실제로 먹고 비교해 보지 않으면 그 차이를 알 수 없고, 이렇게 겉으로 보기에는 '정통 샌드위치' 같지만 실제로는 전혀 다른 맛의 샌드위치도 세상에는 많이 있다. 따라서 당연히 정통이라고 생각하는 메뉴일수록 속재료를 신중하게 선택해야 한다.
 햄과 치즈의 경우만 해도 그 종류와 품질이 매우 다양하며, 그 차이를 알기 어렵다. 속재료에 대한 기초지식과 사용방법에 대해서는 '샌드위치의 기초지식 II(p.214~237)'에서 자세히 다루고 있으므로 잘 활용한다면 속재료에 대해 잘 이해할 수 있다. 속재료에 대해 잘 이해하게 되면 응용의 폭도 넓어진다.

정통 샌드위치를 '제공환경'과 '빵 종류'에 따라 분류한다

세계의 정통 샌드위치가 어디에서 처음 만들어졌고, 어떤 형태로 제공되고 있는지 아는 것도 중요하다.
 예를 들어, 길거리 노점에서 판매하는 서민적인 샌드위치와 나이프와 포크를 사용해서 먹는 레스토랑의 샌드위치는 전혀 다르다. 여기서는 샌드위치의 제공환경을 길거리 노점, 델리[2], 베이커리, 카페, 다이너[3], 호텔 레스토랑으로 분류하였다. 노점은 음식을 포장해서 가져가고, 레스토랑은 자리에 앉아서 먹으며, 그 중간 스타일로는 카페가 있다. 주관적인 견해이지만, 이렇게 세계의 정통 샌드위치를 제공하는 장소에 따라 분류하면 먹는 장소, 만드는 사람, 먹는 사람이 분명해진다.
 또한, 각국의 빵에는 특징이 있다. '샌드위치의 기초지식 I(p.9~20)'을 보면 빵을 자를 때는 두께의 균형을 맞추는 것이 중요하고, 작은 빵은 칼집을 내서 속재료를 채우는 방법, 반으로 잘라서 가운데에 속재료를 끼워 넣는 방법, 피타처럼 주머니 모양으로 만들어서 속재료를 채우는 방법 등으로 다양하게 사용할 수 있다.
 이 책에서는 주로 빵의 식감과 재료와의 균형을 중심으로 분류하였다. 고소한 껍질을 즐길 수 있는 바게트(하드계열)와 속이 부드러운 식빵(소프트계열), 그 중간 형태로 각국의 다양한 빵을 분류하였다.
 더불어 세계의 정통 샌드위치를 '제공환경과 빵의 종류'로 분류하고, 〈표_1 빵과 속재료의 균형 비교(p.23)〉와 조합하여 표2(p.25)로 정리하였다.
 실제로는 제공환경도 더 다양하고, 빵과 속재료의 균형이 달라지기도 하지만, 세계의 정통 샌드위치를 이해하기 위한 수단으로 샌드위치의 전체적인 분류를 정리해 보았다. 어디까지나 하나의 예로 보기 바란다.

[1] 단, 기본적인 균형에 대해 알고 있는 상태에서 사용하는 빵의 특징, 요구되는 가격대에 맞춰 응용하는 경우도 있다.
[2] 델리는 조리된 고기, 치즈, 샐러드 등 가벼운 음식을 파는 식당이다.
[3] 다이너는 북미 지역에서 흔히 볼 수 있는 간이식당으로, 샌드위치와 햄버거 등 미국의 일반적인 메뉴를 판매한다.

표2_세계의 정통 샌드위치의 '빵 종류'와 '제공환경'

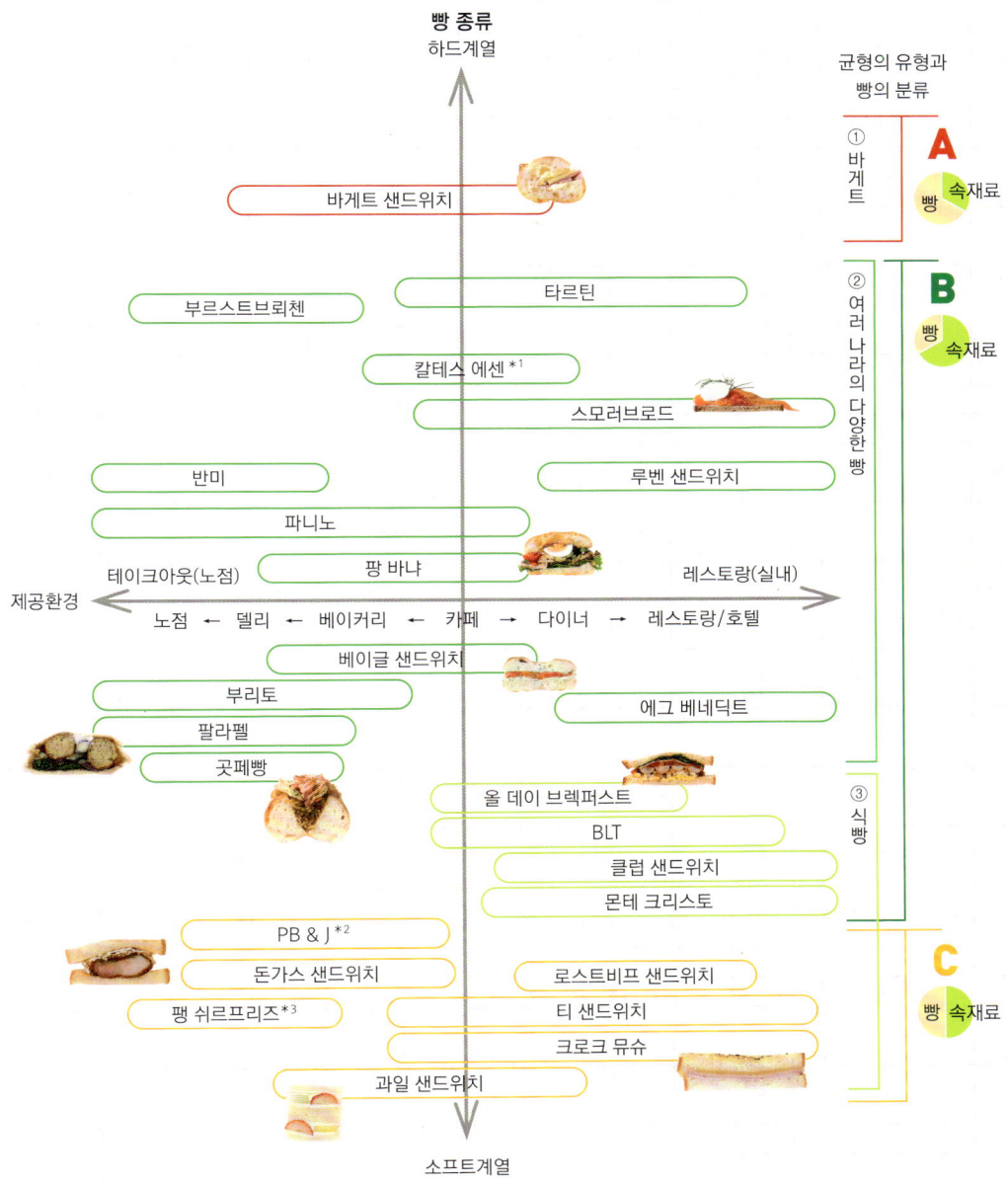

*1 칼테스 에센은 주로 가정에서 먹지만, 여기서는 레스토랑도 길거리 노점도 아니라는 의미로 표 중앙에 놓았다.
*2 PB & J는 가정에서 만드는 도시락이지만, 테이크아웃 스타일이라는 의미에서 델리, 베이커리 부분에 놓았다.
*3 팽 쉬르프리즈의 기본 빵은 식빵이 아니지만, 도려낸 속부분을 사용하여 만들기 때문에 식빵과 같은 종류로 간주했다.

빵과 속재료의 균형이 '규칙'이 된다

〈표1_빵과 속재료의 균형 비교(프랑스 정통 샌드위치 경우(p.22)〉의 A, B, C 분류와 〈표2_세계 정통 샌드위치의 빵의 종류와 제공환경(p.24)〉의 ① ② ③ 분류를 조합하면 '빵 종류'와 '빵과 속재료의 균형'의 조합을 4가지로 분류할 수 있다.

이것을 '정통 샌드위치의 조합 규칙'으로 p.27에 표3으로 정리하였다. 이 규칙을 알면 세계의 여러 가지 샌드위치를 쉽게 이해할 수 있을 것이다.

여기서 '규칙'은 주로 빵과 속재료의 균형을 가리키며, 이를 한눈에 알 수 있도록 이 책에는 각각의 정통 샌드위치의 단면 사진을 크게 실었다.

정통 샌드위치의 응용 방법

정통 샌드위치의 응용 방법은 2가지가 있다.

Ⅰ. 기본 조합에 '+α'를 한다.
Ⅱ. 빵과 속재료를 다른 종류로 바꾼다.

Ⅰ은 정통 샌드위치의 기본 레시피에 무언가를 첨가하는 방법. '+α'는 샌드위치를 먹는 환경을 먼저 생각하고 그 다음에 계절과 제철재료 등으로 세분화하여 생각하면 쉽게 찾을 수 있다. 이 책에서는 '+α'가 되는 모든 것을 '+α 요소'라고 부른다.

Ⅱ는 기본적인 정통 샌드위치의 이미지를 살리면서 빵과 속재료의 일부를 바꾸어 재구성하는 방법. 이 2가지 방법을 조합하면 응용하는 것도 간단하다. (p.27 표4 참조)

예를 들어 이 책의 정통 샌드위치 중 바게트 샌드위치의 기본 메뉴인 '장봉 프로마주(p.46~47)'를 응용하는 방법을 살펴보자.

Ⅰ. 기본 조합에 '+α'한다
기본 조합 → 장봉 프로마주 +α 요소 → 와인에 잘 어울린다.

Ⅱ. 빵과 속재료의 종류를 바꾼다.
장봉 블랑 → 컨트리로스트 / 페퍼싱켄
콩테 → 카망베르 / 푸름 당베르

Ⅲ. 응용 메뉴 완성
'푸름 당베르 & 페퍼싱켄', '카망베르 & 컨트리로스트' (p.48 참조)

와인에 잘 어울리는 '+α 요소'를 먼저 생각하고, 기본 재료인 햄과 치즈의 종류를 각각 바꿔서 와인에 잘 어울리는 응용 샌드위치를 완성하였다.

이 책에서 정통 샌드위치의 응용 메뉴는 이런 방법으로 조합하여 만든 것이다.

정통 샌드위치를 즐긴다

세계의 정통 샌드위치를 여러 가지 관점에서 분석하고 분류해 보면 샌드위치는 어려운 음식이 아니다.

정통 샌드위치는 그 지역의 빵과 그 지역에서 쉽게 구할 수 있는 속재료를 조합한 것으로, 빵이 있는 생활 속에서 매우 자연스럽게 생겨난 것이다.

세계의 정통 샌드위치를 넓고 깊게 이해하면 샌드위치를 보는 관점도 달라진다. 규칙을 알면 레시피 분석이 쉬워지고, 메뉴 하나하나에 관심이 생겨서 세계의 맛있는 샌드위치를 찾아 나서고 싶어질 것이다.

우선 이 책을 통해 '샌드위치의 세계를 즐기는 것'부터 시작해보자.

표3_정통 샌드위치 조합 규칙

규칙타입	A	B-1	B-2	C
빵	프랑스빵(하드계열)	세계의 다양한 빵	식빵(소프트계열)	
단면 이미지				
빵과 속재료의 균형	빵 / 속재료	빵 / 속재료		빵 / 속재료
특징	바게트와 정통 재료를 살린 매우 간단한 심플 샌드위치	각 나라의 맛을 살린 다양한 볼륨 샌드위치	식빵과 정통 재료로 만든 볼륨 샌드위치	식빵과 정통 재료로 만든 고급 샌드위치
구성요소	빵＋주재료＋소스＋포인트 재료 ＊각 나라의 빵, 전통적인 육가공품과 치즈, 특징적인 조미료, 일상적인 음식, 각종 채소 등을 적절하게 사용한다.			

표4_정통 샌드위치 응용 방법

I. 기본 조합에 '+α'를 한다

'+α 요소'는 샌드위치를 먹는 환경을 먼저 생각하고 구체화한다.

+α요소 = 식빵 →

ex. 먹는 환경_레스토랑, 카페, 베이커리, 델리, 길거리 노점 등
    계절_봄, 여름, 가을, 겨울
    행사_나들이, 여름휴가, 할로윈 데이, 크리스마스, 설날, 발렌타인 데이 등

II. 빵과 속재료의 종류를 바꾼다

샌드위치의 기본 조합을 살리면서 일부 또는 전체를 다른 종류로 바꾼다.

구성요소   빵 ＋ 유지류 ＋ 주재료 ＋ 소스 ＋ 포인트 재료
               ↓   ↓   ↓   ↓   ↓

III. I + II = 응용 메뉴 완성

Roast Beef Sandwich

로스트비프 샌드위치 / England 🇬🇧

식문화 배경과 유래

샌드위치(Sandwich)는 '얇게 썬 빵 사이에 재료를 끼워 넣은 것'이라는 의미이다. 영국의 존 몬터규 백작이 카드놀이를 하면서 먹었던 '2장의 얇은 빵에 차가운 고기를 넣은 음식'에서 유래되었으며, 19세기 초부터 일반적인 단어로 전세계에 널리 퍼졌다. 이렇게 널리 알려진 이유는 샌드위치가 한 손으로 쉽게 먹을 수 있는 간편한 식사였기 때문이라는 것은 확실하다. 여기서 사용한 차가운 고기는 영국의 전통요리인 로스트비프였다고 한다. 이전에도 빵과 먹고 속재료를 조합한 요리는 있었지만 그것은 서민들이 먹는 이름 없는 음식으로 '빵과 고기(Bread and Meat)' 등의 이름으로 불렀다고 한다. 이렇듯 빵과 고기의 전통적인 조합은 '일부러 준비한 음식'이 아닌 '평소에 먹는 빵과 남은 차가운 고기'라는 일상적인 식탁에서 탄생한 음식이었다.

우리나라 사전에도 '샌드위치'라고 기재되어 있는 것처럼, 이 이름이 세계의 여러 언어 속에 정착했다는 것도 참으로 흥미로운 일이다.

빵과 속재료의 간단한 조합으로 이루어진 이 음식은 간편하고 맛있으며 먹기에도 편한데다, 샌드위치라는 이름이 붙어 전세계에서 사랑받는 메뉴로 발전하였다.

basic sandwich
로스트비프 샌드위치

주재료인 로스트비프의 맛을 홀스래디시의 매콤한 맛과 크레송의 산뜻한 향이 살려준다.
빵(사각식빵), 유지류(버터), 주재료(로스트비프), 소스(그레이비 소스),
포인트 재료(홀스래디시)로 샌드위치의 기본 요소가 균형을 이룬 전설적인 샌드위치.

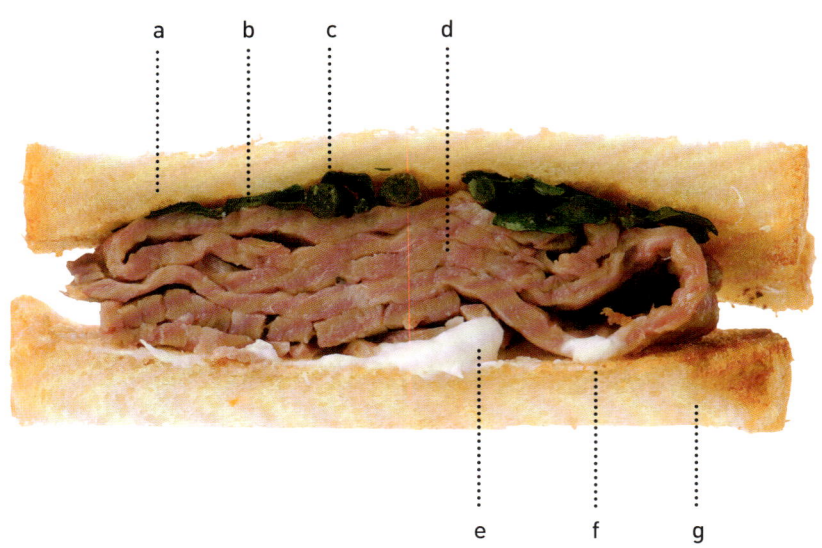

기본 조합	
빵	사각식빵
속재료	로스트비프, 그레이비 소스, 홀스래디시, 버터
규칙	C

a. 사각식빵
b. 버터
c. 크레송
d. 로스트비프
e. 홀스래디시 크림
f. 버터
g. 사각식빵

재료 1개 분량
사각식빵(작은 것/12㎜) …… 2장
버터(무염) …… 6g
홀스래디시 크림 …… 5g
로스트비프(얇게 썬 것) …… 70g
그레이비 소스 …… 3g
크레송 …… 2g
소금, 흰 후추 …… 적당량

홀스래디시 크림_사워크림 20g, 레몬즙 2g, 홀스래디시 5g을 섞은 다음, 소금과 흰 후추로 간을 맞춘다.

그레이비 소스_육류를 구울 때 생기는 국물에 후추, 소금 등을 넣어서 만든 소스.

만드는 방법
1. 사각식빵은 살짝 구워서 한쪽면에 버터를 바른다. 1장은 버터 위에 홀스래디시 크림을 덧바른다.
2. 소금과 흰 후추를 살짝 뿌린 로스트비프는 빵 크기에 맞게 접어서 홀스래디시 크림을 바른 식빵 위에 올린다.
3. 로스트비프 위에 그레이비 소스를 뿌리고 크레송을 올린 다음, 나머지 빵으로 덮고 2등분 한다.

✱
흰 밀가루로 만든 플레인 식빵을 영국에서는 화이트 브레드라고 부른다. 브라운 브레드인 통밀빵을 사용해도 좋다.

POINT
● 빵과 고기의 간단한 조합은 샌드위치의 기본이다. 재료의 가짓수가 적기 때문에 각 재료의 식감과 맛을 제대로 느낄 수 있다.
● 빵을 살짝 구워서 바삭한 식감과 고소함을 더했다. 로스트비프와 잘 어울린다.

크레송은 식빵을 자르는 방향과 수직이 되도록 가지런히 올린다.

arrange

비프 파스트라미 & 감자튀김 샌드위치

비프 파스트라미와 감자튀김을 넣어 푸짐하게 즐길 수 있다.
씨겨자와 크레송이 포인트로 식욕을 자극한다.
호밀의 향이 속재료와 잘 어우러져서 깊은 맛이 나는 샌드위치.

재료 1개 분량
호밀 사각식빵(10mm) …… 2장
버터(무염) …… 8g
비프 파스트라미 …… 35g
감자튀김(얇게 썰어서 튀긴 것) …… 20g
씨겨자 마요네즈(p.229 참조) …… 6g
크레송 …… 4g
소금, 흰 후추 …… 적당량

만드는 방법
1. 호밀 사각식빵은 살짝 구워서 한쪽면에 버터를 바른다.
2. 1에 비프 파스트라미를 올리고 씨겨자 마요네즈를 뿌린 다음, 크레송을 올린다. 감자튀김에 소금과 흰 후추를 뿌려서 올리고, 나머지 빵을 덮어서 자른다.

비프 파스트라미_양념한 쇠고기를 훈제하여 차게 식힌 것.

arrange

Roast Beef Sandwich

로스트포크 & 샤르퀴트리 소스 샌드위치

프랑스 요리에 사용되는 '샤르퀴트리 소스'는
머스터드와 피클의 적당한 새콤함이 특징인 돼지고기 요리의 기본 소스이다.
로스트포크와도 잘 어울린다.

재료 1개 분량
통밀 둥근식빵(작은 것/15㎜) …… 2장
버터(무염) …… 6g
로스트포크(얇게 썬 것) …… 70g
샤르퀴트리 소스 …… 10g
감자(쪄서 으깬 후 소금, 흰 후추로 간한 것) …… 20g
루콜라 …… 2g
소금, 흰 후추 …… 적당량

만드는 방법
1. 통밀 둥근식빵은 살짝 구워서 한쪽면에 버터를 바른다.
2. 1에 소금과 흰 후추를 뿌린 로스트포크, 샤르퀴트리 소스, 감자, 크레송을 순서대로 올린 다음, 나머지 빵을 덮어서 자른다.

로스트포크_돼지고기 등심 500g을 덩어리째 두꺼운 무명실로 감은 다음, 전체적으로 소금과 흰 후추를 뿌려서 밑간을 한다. 버터를 두른 프라이팬에 올려서 겉을 익힌 다음, 180℃ 오븐에서 45~50분 정도 굽는다. 오븐에서 꺼내어 알루미늄 포일로 감싸서 따뜻한 곳에 잠시 놓아두면 남은 열로 전체가 적당히 익는다.

샤르퀴트리(Charcuterie) 소스_프라이팬에 버터 10g을 녹인 후 잘게 다진 양파 1/4개를 잘 볶는다. 화이트와인 50㎖를 넣고 강한 불로 끓인 다음, 퐁드보(Fond de veau, 고기 육수) 120㎖를 넣어 걸쭉하게 졸인다. 마지막으로 씨겨자와 잘게 썬 피클 1큰술, 다진 파슬리 1큰술을 넣고 잘 섞는다.

Tea Sandwiches

티 샌드위치 / England 🇬🇧

식문화 배경과 유래

애프터눈 티는 1930년경 영국에서 시작된 풍습으로, 빅토리아 시대에 상류층 여성의 사교의 장으로 급속도로 퍼져 나갔다고 한다. 당시의 상류층은 아침식사가 이른 반면, 저녁식사가 비교적 늦었다. 디너는 본래 점심을 의미했지만, 19세기 초에는 저녁부터 밤 9시 사이의 식사라는 의미로 변하였다. 런치와 애프터눈 티의 풍습이 생긴 것은 아침과 저녁 사이의 공복감을 채우기 위한 의미도 있으며, 그래서 탄생한 것이 '티 샌드위치'라고 부르는 고급스러운 샌드위치이다. 티 샌드위치의 빵이 얇고, 속재료가 간단하며, 크기가 작은 것은 상류층 여성을 대상으로 했기 때문이다. 정통 애프터눈 티는 현재 카페와 호텔 등 많은 곳에서 먹을 수 있으며, 가정에서 먹는 간단한 식사나 가벼운 저녁은 단순히 '티(Tea)'라고 부른다.

basic sandwich
오이 샌드위치

티 샌드위치를 대표하는, 오이만으로 만든 샌드위치.
티 샌드위치가 생겨난 19세기 중반에는 오이가 고급 식재료였다고 한다.
빵과 오이를 얇게 썰고, 한입 크기로 잘라서 고급스러운 맛을 냈다.

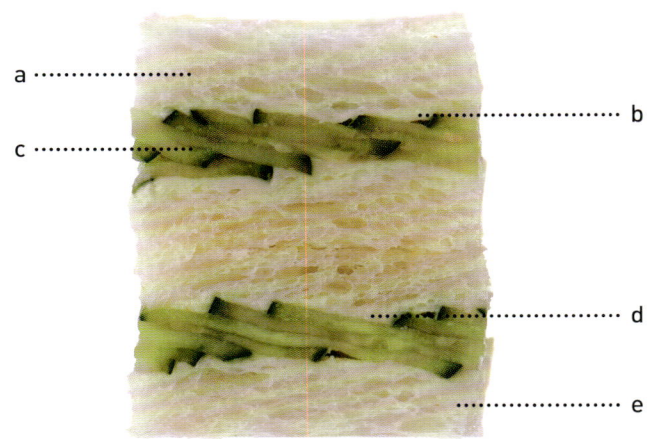

기본 조합	
빵	사각식빵
속재료	오이, 버터
규칙	C

a. 사각식빵
b. 버터
c. 오이
d. 버터
e. 사각식빵

재료 6조각 분량
사각식빵(10㎜) …… 2장
버터(무염) …… 8g
오이 …… 1/2개
화이트와인 비네거 …… 2작은술
소금, 흰 후추 …… 적당량

만드는 방법
1. 사각식빵은 한쪽면에 버터를 바른다.
2. 오이는 2등분해서 2㎜ 두께로 썬 것을 접시에 올리고, 소금과 화이트와인 비네거를 뿌려서 15분 정도 재운다. 숨이 죽으면 키친타월로 눌러서 물기를 제거하는데, 이 과정에서 간이 적당히 밴다.
3. 사각식빵에 2의 오이를 늘어놓고 흰 후추를 뿌린 다음, 나머지 식빵으로 덮는다. 랩으로 감싸서 냉장고에 10분 정도 넣어둔다.
4. 가장자리를 잘라내고 6등분한다.

POINT
- 재료는 빵, 버터, 오이가 전부이다. 심플함이 이 샌드위치의 가장 큰 매력.
- 빵은 얇게 썰고, 버터를 구석구석 듬뿍 바른다. 빵을 얇게 써는 것이 중요하기 때문에 바로 구운 것보다는 어느 정도 시간이 지나서 잘 잘라지는 빵을 사용한다.

오이는 얇게 썰어서 소금을 뿌리고 화이트와인 비네거에 절인다. 번거롭더라도 이 과정을 거쳐야 샌드위치가 맛있어진다.

기본 티 샌드위치 5종

애프터눈 티에 자주 등장하는 티 샌드위치 5가지를 소개한다.
얇게 썬 빵에 간단한 속재료를 넣어서 만드는데, 기본적인 조합이라도 정성껏 만들면 맛이 달라진다.

햄 & 머스터드

기본적으로 들어가는 햄에 잉글리시 머스터드로 매운맛을 더하면 맛이 한층 살아난다. 고급 햄의 맛을 제대로 느낄 수 있다.

재료 6조각 분량
사각식빵(10㎜) …… 2장
버터(무염) …… 8g
화이트 본레스햄 …… 1장(30g)
잉글리시 머스터드 …… 3g

잉글리시 머스터드_깔끔하고 매운맛이 강한 머스터드. 잉글리시 머스터드가 없으면 디종 머스터드 등 취향에 맞는 머스터드를 사용해도 좋다.

만드는 방법
1. 사각식빵은 한쪽면에 버터를 바르고 화이트 본레스햄을 올린다.
2. 나머지 1장의 빵은 버터를 바른 위에 잉글리시 머스터드를 발라서 1을 덮는다. 랩으로 감싸서 냉장고에 10분 정도 넣어둔다.
3. 가장자리를 잘라내고 6등분한다.

체다치즈 & 오이

영국의 전통적인 체다치즈는 샌드위치의 기본 재료이다. 오이는 두께에 따라 식감과 맛이 달라지므로 취향에 맞게 자른다. 마요네즈를 조금 넣으면 오이와 치즈의 맛이 잘 어우러진다.

재료 (6조각 분량)
통밀 사각식빵(10㎜) …… 2장
버터(무염) …… 8g
오이(3㎜) …… 1/2개
마요네즈 …… 3g
체다치즈(얇게 썬 것) …… 1장
소금, 흰 후추 …… 적당량

만드는 방법
1. 통밀식빵은 한쪽면에 버터를 바르고 체다치즈를 올린 다음 마요네즈를 바른다.
2. 1에 오이를 올리고 소금, 흰 후추를 뿌려서 나머지 빵으로 덮는다. 랩으로 감싸서 냉장고에 10분 정도 넣어둔다.
3. 가장자리를 잘라내고 6등분한다.

훈제연어 & 허브 크림치즈

크림치즈에 허브 향을 더하여 산뜻한 맛을 냈다. 훈제연어와 호밀의 풍미가 잘 어울린다. 레몬 버터를 사용해도 좋다.

재료 6조각 분량
호밀사각식빵(10㎜) …… 2장
버터(무염) …… 4g
훈제연어 …… 30g
레몬즙 …… 1작은술
허브 크림치즈(p.229 참조) …… 20g
소금, 흰 후추 …… 적당량

만드는 방법
1. 훈제연어는 레몬즙을 뿌려서 살짝 절인 다음, 키친타월로 물기를 제거한다.
2. 호밀사각식빵 1장은 한쪽면에 버터를 바르고, 다른 1장은 한쪽면에 허브 크림치즈를 바른다.
3. 버터를 바른 빵에 훈제연어를 올리고 소금, 흰 후추를 살짝 뿌린 다음, 나머지 1장을 덮는다. 랩으로 감싸서 냉장고에 10분 정도 넣어둔다.
4. 가장자리를 잘라내고 6등분한다.

달걀 & 크레스

영국에서는 달걀샐러드에 '크레스(cress)'라는 새싹채소를 함께 먹는다. 알싸한 매운맛이 포인트. 구하기 어렵다면 무순이나 브로콜리싹으로 대체해도 좋다.

재료 6조각 분량
통밀사각식빵(10mm) …… 2장
버터(무염) …… 8g
달걀샐러드 …… 45g
크레스 …… 5g

만드는 방법
1. 통밀 사각식빵은 한쪽면에 버터를 바르고 달걀샐러드를 넓게 펴 바른 다음, 크레스를 올리고 나머지 빵으로 덮는다. 랩으로 감싸서 냉장고에 10분 정도 넣어둔다.
2. 가장자리를 잘라내고 6등분한다.

달걀 샐러드_ 삶은 달걀을 곱게 다진 다음, 달걀 1개에 마요네즈 10g의 비율로 마요네즈를 넣고 소금과 흰 후추로 간을 맞춘다.

*
티 샌드위치의 경우 빵이 마르는 것을 막기 위해 새싹채소나 양상추를 채 썰어서 올리기도 하는데, 이렇게 하면 보기에도 좋고 맛도 좋다.

오렌지 마멀레이드 & 버터

마멀레이드와 버터만으로 만든 샌드위치. 오렌지 껍질의 쌉쌀한 맛이 홍차와 잘 어울린다. 정통 애프터눈 티보다는 가벼운 티타임에 좋다.

재료 6조각 분량
사각식빵(10mm) …… 2장
버터(무염) …… 8g
오렌지 마멀레이드 …… 25g

만드는 방법
1. 식빵은 한쪽면에 버터를 바르고 그 위에 오렌지 마멀레이드를 바른 다음, 나머지 빵으로 덮는다. 랩으로 감싸서 냉장고에 10분 정도 넣어둔다.
2. 가장자리를 잘라내고 6등분한다.

Column

빅토리아 샌드위치 Victoria Sandwich

빅토리아 여왕이 즐겨먹었다는, 영국의 티타임에 빼놓을 수 없는 대표적인 케이크. 빵이 아닌 동그랗게 구운 버터 케이크 사이에 라즈베리 잼, 또는 딸기 잼을 바른 것이다. 케이크이지만 샌드위치라는 이름이 붙었으므로 기억해두자.

All Day Breakfast

올 데이 브렉퍼스트 / England 🇬🇧

식문화 배경과 유래

영국의 대부분의 호텔이나 게스트하우스, 카페에는 '풀 잉글리시 브렉퍼스트(Full English Breakfast)'라는 메뉴가 있다. 영국의 소설가 서머셋 모옴(1874~1965)이 '영국에서 좋은 음식을 잘 먹으려면 아침식사를 3번 먹어라'라고 말할 정도로 영국의 아침식사는 충실한데, 이 아침 메뉴는 인기가 높아서 카페 등에서 하루 종일 즐길 수 있기 때문에 올 데이 브렉퍼스트라고 부르게 되었다. 그 반면 점심은 남은 음식으로 간단하게 먹는 경우가 많아서 한 손으로 간편하게 즐길 수 있는 샌드위치가 18세기경부터 인기를 끌었다. '샌드위치 바(Sandwich Bar)'라고 부르는 전문점도 많고, 커피숍과 슈퍼마켓에서도 다양한 종류의 샌드위치를 팔고 있다. 아침식사 재료로 만든 샌드위치가 특히 인기가 높아서 '올 데이 브렉퍼스트' 또는 비슷한 이름을 가진 샌드위치를 많이 볼 수 있다. 올 데이 브렉퍼스트가 샌드위치는 아니지만, 영국을 상징하는 메뉴 중 하나로 소개한다.

basic sandwich
올 데이 브렉퍼스트 샌드위치

All Day Breakfast 🇬🇧

구운 통밀빵 사이에 영국의 아침식사를 고스란히 담아낸 샌드위치.
하나하나 살펴보면 늘 먹는 평범한 재료이지만 조합하면 맛이 배가 된다.

a. 통밀식빵
b. 버터
c. 상추
d. 베이컨
e. 구운 토마토
f. 생소시지
g. 베이크드 빈스
h. 케첩
i. 양송이
j. 스크램블드에그
k. 버터
l. 통밀식빵

기본 조합	
빵	통밀식빵
속재료	베이컨, 달걀, 구운 토마토, 양송이, 생소시지 베이크드 빈스, 버터
규칙	B-2

재료 1개 분량
통밀 둥근식빵(15mm) …… 2장
버터(무염) …… 8g
상추 …… 4g
베이컨 …… 1장
생소시지(40g) …… 1개
스크램블드에그 …… 30g
양송이 …… 10g
토마토 세미콩피(p.231 참조) …… 1장
베이크드 빈스 …… 15g
케첩 …… 6g
소금, 흰 후추, 검은 후추 …… 적당량

POINT
- 올 데이 브렉퍼스트에 베이컨과 달걀은 필수이며, 구운 토마토, 양송이, 베이크드 빈스, 소시지, 블랙푸딩(소나 돼지, 오리 등의 피로 만든 소시지), 그리고 토스트와 오렌지 마멀레이드가 더해진다. 샌드위치로 만들 경우 취향에 따라 속재료를 선택하면 된다.
- 여기에서는 구운 토마토 대신 토마토 세미콩피를 사용하였다. 얇게 썬 토마토를 프라이팬에 굽고 소금과 흰 후추로 간을 해서 사용해도 좋다.

만드는 방법
1. 통밀 둥근식빵은 살짝 구워서 한쪽면에 버터를 바른다.
2. 생소시지는 세로로 2등분하고, 베이컨은 3등분해서 굽는다. 양송이는 얇게 썰어서 버터(분량 외)를 두르고 구운 다음, 소금과 흰 후추로 간을 한다.
3. 1의 빵에 상추, 베이컨, 토마토, 소시지, 베이크드 빈스, 양송이, 케첩, 스크램블드에그를 순서대로 올리고 검은 후추를 갈아서 뿌린 다음, 나머지 식빵을 덮어서 2등분한다.

스크램블드에그_ 달걀 1개에 우유 1큰술을 놓고 소금과 흰 후추로 간한 다음, 버터를 살짝 두른 프라이팬에 붓고 휘젓는다.

베이크드 빈스_ 흰 강낭콩의 일종인 네이비 빈즈에 토마토 퓌레와 향신료를 넣고 조린 것. 보통 통조림 제품을 사용한다.

올 데이 브렉퍼스트의 기본 재료. 취향에 따라 선택한다.

arrange

올 데이 브렉퍼스트 파니노

영국의 샌드위치 바나 커피숍에서는 기계로 누른 프레스 샌드위치를 자주 볼 수 있다.
치즈를 조금 넣고 누르면 재료와 빵이 달라붙어서 먹기 편하다.

재료 1개 분량
치아바타(80g) …… 1개
버터(무염) …… 4g
베이컨 …… 1장
생소시지(40g) …… 1개
스크램블드에그(p.41 참조) …… 30g
양송이 …… 10g
케첩 …… 6g
토마토 세미콩피(p.231 참조) …… 1장
슈레드 치즈 …… 10g
소금, 흰 후추, 검은 후추 …… 적당량

만드는 방법
1. 치아바타는 가로로 칼집을 내고 자른 면에 버터를 바른다.
2. 소시지는 둥글게 썰고, 베이컨은 2등분해서 굽는다. 양송이는 얇게 썰어서 버터(분량 외)를 두르고 구운 다음, 소금과 흰 후추로 간을 한다.
3. 1의 빵에 스크램블드에그, 케첩, 소시지, 토마토 세미콩피, 베이컨, 슈레드 치즈를 순서대로 넣고 검은 후추를 굵게 갈아서 뿌린 다음 파니니 그릴에 굽는다.

슈레드 치즈_잘게 잘라 놓은 치즈.

arrange

All Day Breakfast

잉글리시 머핀 브렉퍼스트 오믈렛 샌드

양송이와 베이크드 빈스는 오믈렛의 재료로 사용해도 좋다.
잉글리시 머핀과 함께 즐기면 좀 더 아침식사다운 조합이다.

재료 1개 분량
잉글리시 머핀(60g) …… 1개
버터(무염) …… 4g
베이컨 …… 1장
루콜라 …… 3g
오믈렛
　┌ 버터(무염) …… 10g
　│ 달걀 …… 1개
　│ 우유 …… 1큰술
　│ 양송이 …… 2개
　└ 베이크드 빈스 …… 15g
케첩 …… 6g
소금, 흰 후추, 검은 후추 …… 적당량

만드는 방법
1. 잉글리시 머핀은 포크를 사용해서 위아래로 2등분한다.
2. 베이컨은 2등분해서 굽고, 양송이는 얇게 썬 다음 버터(분량외)를 두르고 구워서 소금과 흰 후추로 간한다.
3. 달걀을 풀어서 우유를 넣고 소금과 흰 후추로 간한 다음 버터를 녹인 프라이팬에 붓고, 긴 젓가락으로 살짝 저으면서 익힌다. 달걀이 반숙 정도로 익으면 2의 양송이와 베이크드 빈스를 위에 올리고 감싸서 오믈렛을 만든다.
4. 1의 잉글리시 머핀을 살짝 구워서 자른 면에 버터를 바른다. 오믈렛, 케첩, 베이컨, 루콜라를 순서대로 올리고 검은 후추를 굵게 갈아서 뿌린다.

CASSE-CROÛTE

바게트 샌드위치 / France 🇫🇷

식문화 배경과 유래

바게트에 햄과 치즈를 넣은 샌드위치를 '카스 쿠르트(Casse-Croûte)'라고 하는데, 원래 이 말은 프랑스어로 가벼운 식사 또는 샌드위치를 의미한다.

프랑스에서는 보통 빵만 먹지 않고 버터, 잼, 치즈, 샤르퀴트리(Charcuterie, 돼지고기 가공품) 등을 함께 먹는다. Casser는 '나누다', Croûte는 '빵 껍질'을 의미하므로, 빵 껍질을 잘라서 치즈와 돼지고기 가공품을 조합한 가벼운 식사인 '카스 쿠르트'가 '샌드위치'에 해당되는 프랑스어가 된 것이다.

그러나 현재는 프랑스에서도 샌드위치라는 이름을 많이 사용하며, 특히 젊은 세대는 카스 쿠르트라는 이름을 잘 사용하지 않는다.

햄과 버터만으로 만드는 가장 간단한 샌드위치는 '장봉 뵈르(jambon beurre)', 햄과 치즈로 만드는 샌드위치는 '장봉 프로마주 (jambon fromage)' 등 기본 메뉴의 경우 재료 이름이 그대로 샌드위치 이름이 되었다.

basic sandwich
장봉 프로마주

장봉(햄)과 프로마주(치즈), 그리고 버터 듬뿍.
바게트의 매력을 잘 살려주는 것은 바로 이런 심플한 조합이다.
먹을수록 깊은 맛이 느껴지는, 프랑스를 대표하는 샌드위치.

기본 조합	
빵	바게트
속재료	버터, 햄, 치즈
규칙	A

a. 바게트
b. 버터
c. 디종 머스터드
d. 콩테 치즈
e. 화이트 본레스햄
f. 버터

재료 1개 분량
바게트 …… 1/4개
버터(무염) …… 10g
화이트 본레스햄 …… 35g
콩테 치즈(얇게 썬 것) …… 15g
디종 머스터드 …… 5g

만드는 방법
1. 바게트는 가로로 칼집을 내고 자른 면에 버터를 바른다.
2. 화이트 본레스햄, 콩테 치즈를 순서대로 넣고, 위쪽 자른 면에는 디종 머스터드를 덧바른다.

콩테 치즈_생우유를 가열 압착해서 세척하며 숙성시킨 프랑스 치즈. 콩테 외에 그뤼에르, 에멘탈 치즈 등으로 대체할 수 있다.

*
취향에 따라 코르니숑(작은 오이로 만든 피클)을 얇게 썰어서 넣어도 좋다. 코르니숑 특유의 식감, 향, 신맛이 포인트가 된다.

*
p.45 사진에서 위쪽의 바게트 샌드위치는 파테 드 캉파뉴(Pâté de Campagne, 부드럽고 향신료향이 많이 나는 소지지)와 디종 머스터드를 넣은 것이다.

POINT
- 바게트 샌드위치는 껍질의 고소한 맛이 포인트. 맛있는 바게트 샌드위치를 만들고 싶다면 갓 구운 빵을 냉장고에 넣지 말고 바로 사용하는 것이 좋다.
- 바게트 속 구멍(기포)에 버터 덩어리가 들어가는 것에 신경 쓰지 말고 충분히 바른다. 차가운 버터를 얇게 썰어서 빵 속에 끼워 넣어도 좋다.
- 수분이 많은 재료는 바게트를 눅눅하게 만들기 때문에 사용하지 않는 것이 좋다.

*
'장봉 프로마주'의 장봉(jambon)은 프랑스어로 '햄'을 의미한다. 프랑스에서는 '장봉 블랑' 또는 '장봉 드 파리'라고 부르는 훈연하지 않은 큰 본레스햄을 사용한다. 햄의 품질이 샌드위치의 맛을 좌우하기 때문에 질 좋은 햄을 사용해야 한다.

바게트 속에 있는 구멍 안에 버터 덩어리가 들어갈 정도로 버터를 듬뿍 바른다.

arrange

기본 샌드위치인 장봉 프로마주를 응용하여 흰곰팡이 치즈와 푸른곰팡이 치즈에 각각 맞는 재료를 조합하였다. 말린 과일이나 잼, 견과류가 포인트가 되어 서로 다른 맛을 비교하여 즐길 수 있다.

푸름 당베르 & 페퍼싱켄

재료 1개 분량
바게트 …… 1/4개
버터(무염) …… 10g
페퍼싱켄(p.223 참조) …… 1장
푸름 당베르 …… 20g
블루베리잼 …… 10g

만드는 방법
1. 바게트는 가로로 칼집을 내고 자른 면에 버터를 바른다.
2. 페퍼싱켄, 푸름 당베르를 넣고 마무리로 블루베리잼을 올린다.

푸름 당베르(Fourme d'Ambert)_블루치즈의 일종으로 맛이 순해서 초보자들도 먹기 좋다.

카망베르 & 컨트리로스트

재료 1개 분량
바게트 …… 1/4개
버터(무염) …… 10g
컨트리로스트햄(p.223 참조) …… 1.5장
카망베르 …… 1/8개(3등분)
세미드라이 살구 …… 1/2개(3등분)
구운 호두 …… 5g

만드는 방법
1. 바게트는 가로로 칼집을 내고 자른 면에 버터를 바른다.
2. 컨트리로스트햄, 카망베르, 세미드라이 살구를 넣고 마무리로 호두를 올린다.

arrange +

CASSE-CROÛTE

샐러드를 넣은 바타르 샌드위치

기본 버터에 고급햄, 풍성한 채소와 마요네즈 소스로 샐러드풍 샌드위치를 만든다.
호밀이 많이 들어간 바타르와 잘 어울리는 조합이다.

재료 1개 분량
- 바타르(20mm 두께로 V자 칼집) …… 1장
- 버터(무염) …… 10g
- 양상추 …… 15g
- 씨겨자 마요네즈(p.229 참조) …… 8g
- 토마토(반달썰기) …… 2장
- 로스햄 …… 2장

만드는 방법
1. 바타르는 칼집을 내고 자른 면에 버터를 바른다.
2. 양상추를 접어서 안에 넣고, 씨겨자 마요네즈를 상추 위에 뿌린다. 토마토와 반으로 접은 로스 햄을 끼워 넣는다.

Column

쇼콜라 바게트 샌드위치 Pain et chocolat

바게트에 칼집을 내고 판초콜릿을 끼워 넣는 것만으로 완성. 프랑스에서 엄마가 아이들한테 흔히 만들어주는 달콤한 간식이다. 과감한 조합이 놀랍지만 바게트의 바삭한 식감과 고소함이 초콜릿과 잘 어울린다. 초콜릿은 입맛에 맞는 것으로 넣으면 된다. 칼로리 걱정을 잠시 접어둘 수만 있으면 버터를 듬뿍 발라도 좋다.

TARTINE

타르틴 / France 🇫🇷

식문화 배경과 유래

타르틴은 'tartiner(바르다)'라는 동사의 명사형으로, 원래는 얇게 썬 빵에 잼과 버터, 또는 고기나 간을 갈아서 페이스트 상태로 만든 파테 등을 바른 것을 말한다. 프랑스 아침식사를 대표하는 메뉴로 바게트를 가로로 2등분해서 꿀, 잼, 버터를 발라 먹는다. 최근에는 프랑스의 전통 시골빵으로 만든 오픈 샌드위치도 타르틴이라 부르기도 한다.

basic sandwich
리예트 타르틴

리예트(rillettes)는 돼지고기 또는 거위고기를 기름을 걷어내지 않고 오래 끓여서 페이스트 상태로 만든 것이다.
프랑스에서는 빵을 먹을 때 리예트를 발라서 먹는 경우가 많은데, 타르틴의 시초가 되었다.
디종 머스터드와 코르니숑으로 신맛, 매운맛, 식감을 더하면 기름기 많은 리예트를 좀 더 맛있게 먹을 수 있다.

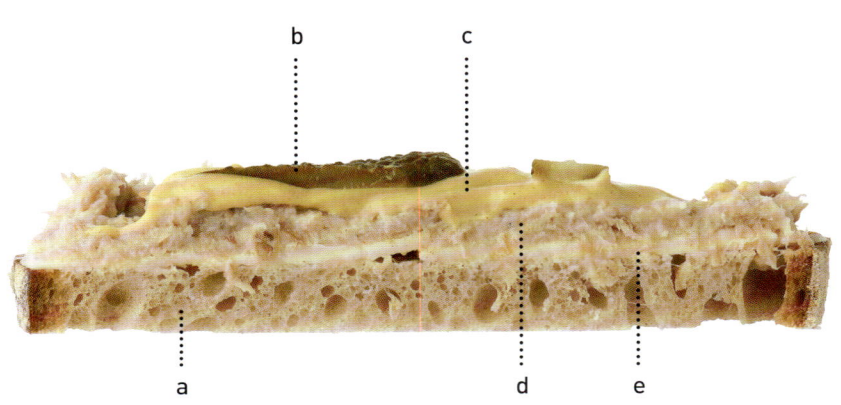

기본 조합	
빵	팽 드 캉파뉴
속재료	리예트, 버터
규칙	B-1

a. 팽 드 캉파뉴
b. 코르니숑
c. 디종 머스터드
d. 돼지고기 리예트
e. 버터

재료 1개 분량
팽 드 캉파뉴(p.13 참조 / 10mm) …… 1장
돼지고기 리예트 …… 적당량
디종 머스터드 …… 적당량
코르니숑(p.228 참조) …… 적당량
검은 후추 …… 적당량
버터(무염) …… 적당량

만드는 방법
1. 팽 드 캉파뉴의 한쪽면에 버터를 먼저 바르고 그 위에 돼지고기 리예트를 바른다.
2. 디종 머스터드와 얇게 썬 코르니숑을 올리고, 굵게 간 검은 통후추를 뿌린다.

돼지고기 리예트_돼지고기 삼겹살 500g을 2cm 크기로 깍둑썰기한 다음 압력솥에 넣고 볶는다. 고기가 익기 시작하면 잘게 다진 마늘과 양파를 넣고 볶는다. 양파가 익으면 화이트와인 120mℓ를 넣고 한소끔 끓여서 냄비에 달라붙은 고기의 감칠맛이 국물에 녹아들게 한다. 자박자박하게 물을 붓고(분량 외) 소금 2작은술과 향신료(월계수잎 1장, 타임 1줄기, 검은 후추 1/2작은술, 카옌페퍼 1/8작은술, 흰 후추 적당량)를 넣어 뚜껑을 닫고 20분 정도 끓인다. 시간이 되면 불을 끄고 빨리 식혀서 뚜껑을 열고, 물이 많이 남아 있으면 강한 불로 수분을 날린다. 어느 정도 식으면 월계수잎과 타임 줄기를 건져내고 푸드 프로세서로 곱게 간다.

POINT
- 사용하는 팽 드 캉파뉴의 특성에 맞게 조합한다. 단단할 경우에는 얇게, 큰 기포가 있고 부드러울 경우에는 약간 두껍게 잘라서 속재료와 식감의 균형을 맞춘다.
- 얇게 자른 빵을 살짝 구워서 겉을 바삭하게 만들면 먹을 때 잘 베어 먹을 수 있고 향과 맛도 좋아진다.

향신료와 허브, 맛있는 소금이 돼지고기의 감칠맛을 끌어낸다.

arrange

치즈, 육가공품, 과일을 조합한 타르틴은 신선한 맛이 난다.
단맛과 신맛, 고소한 식감이 더해져 다양한 미각을 즐길 수 있다.

푸름 당베르 & 바나나

재료 1개 분량
팽 드 캉파뉴(p.13 참조 / 12mm) …… 1장
버터(무염) …… 4g
페퍼싱켄(p.223 참조) …… 1장
푸름 당베르(p.218 참조) …… 6g
바나나(7mm 어슷썰기) …… 3조각
꿀 …… 6g
구운 호두 …… 5g

만드는 방법
1. 팽 드 캉파뉴는 겉이 바삭해질 정도로 살짝 구워서 버터를 바른다.
2. 3등분한 페퍼싱켄과 어슷썰기한 바나나를 번갈아 올리고, 작게 자른 푸름 당베르를 전체적으로 올린 다음 꿀을 뿌린다.
3. 잘게 썬 호두를 올리고 치즈가 녹을 때까지 오븐 토스터에 넣어서 굽는다.

카망베르 & 사과

재료 1개 분량
팽 드 캉파뉴(p.13 참조 /12mm) …… 1장
버터(무염) …… 4g
컨트리로스트햄(p.225 참조) …… 1장
카망베르 …… 1/8개
사과(4mm) …… 3조각
라즈베리잼 …… 6g
구운 호두 …… 5g

만드는 방법
1. 팽 드 캉파뉴는 겉이 바삭해질 정도로 살짝 구워서 버터를 바른다.
2. 컨트리로스트햄을 올리고 얇게 썬 사과와 4등분한 카망베르를 번갈아가며 켜켜이 올린다. 라즈베리잼을 얹고 잘게 썬 호두를 뿌린다.

Column

프랑스의 아침식사 petit déjeuner

아침에 먹는 타르틴

바게트를 반으로 갈라서 좋아하는 잼이나 페이스트, 버터를 바르는 것만으로 완성. 간단하지만 많은 사랑을 받고 있는 타르틴은 늘 먹는 평범한 아침식사이지만 빵에 바를 것이 많으면 그것만으로도 충분히 즐길 수 있다. 초콜릿 페이스트를 바른 바게트는 판초콜릿을 끼워서 만드는 쇼콜라 바게트 샌드위치와 함께 어린이 간식의 단골메뉴이다.

재료
바게트 ······ 적당량
잼, 꿀, 버터 초콜릿 페이스트 등
   빵에 바를 것 ······ 적당량

외프 아 라 코크 & 무예트

'외프 아 라 코크(œuf à la coque)'는 달걀반숙을 말하며, 달걀반숙에 곁들이는 가늘고 길게 자른 빵을 '무예트(mouillettes)'라고 한다. 식빵을 길게 자른 다음 버터를 발라서 구운 것이나 가늘고 길게 자른 바게트를 소금과 후추로 맛을 낸 달걀반숙의 노른자에 찍어 먹는다. 간단하지만 빵맛을 제대로 즐길 수 있다.
심플하지만 빵과 속재료의 궁합이 기본인 조합이다.

달걀반숙 만드는 방법_달걀은 상온에 두었다가 끓는 물에 넣고 3분 정도 삶은 다음, 찬물에 담가서 식힌다. 윗부분의 껍질을 잘라내고, 노른자에 소금과 검은 후추를 뿌려서 간을 맞춘 후 빵을 찍어서 먹는다.

CROQUE-MONSIEUR

크로크 무슈 / France

식문화 배경과 유래

식빵 사이에 얇게 자른 그뤼에르 치즈와 햄을 넣고 만든 핫 샌드위치. 1910년경 파리 오페라좌 근처 카퓌생 거리의 카페에서 가벼운 식사용으로 처음 등장하였다. 크로크 무슈는 'Croque(바삭바삭)'와 'Monsieur(신사, 남자)'의 합성어로, 직역하면 '바삭한 아저씨'인데, 햄 & 치즈 샌드위치를 버터에 구워 바삭바삭하게 만들었다는 의미이다. 먹을 때 소리 내는 것을 좋게 보지 않던 당시에는 남자들만 먹는 메뉴였다고 한다. 현재는 카페나 베이커리에서 먹을 수 있는 가벼운 식사의 대표 메뉴가 되었다.

basic sandwich
크로크 무슈

햄, 치즈, 버터와 빵은 샌드위치의 가장 기본적인 조합이지만, 구우면 맛과 향이 더 좋아진다.
베샤멜 소스를 사용하지 않은 정통 크로크 무슈는 재료 고유의 맛을 즐길 수 있다.

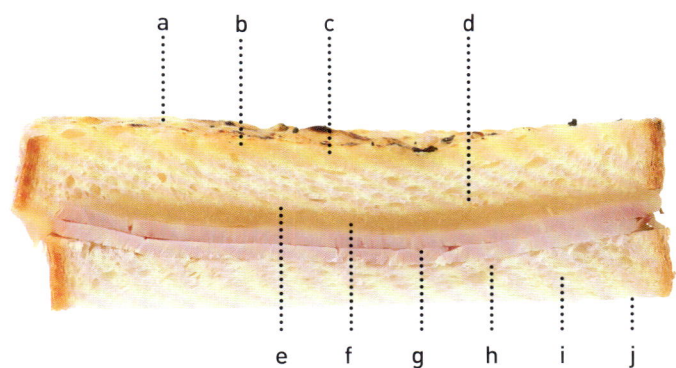

a. 검은 후추
b. 그뤼에르 치즈
c. 버터
d. 사각식빵
e. 버터
f. 그뤼에르 치즈
g. 화이트 본레스햄
h. 버터
i. 사각식빵
j. 버터

기본 조합	
빵	식빵
속재료	햄, 치즈, 버터
규칙	C

재료 1개 분량
사각식빵(작은 것 / 12㎜) …… 2장
버터(무염) …… 12g
화이트 본레스햄 …… 20g
그뤼에르 치즈(얇게 썬 것) …… 1장
그뤼에르 치즈(슈레드) …… 20g
검은 후추 …… 적당량

만드는 방법
1. 버터를 냄비에 넣고 녹여서 사각식빵 양쪽면에 바른다. 1장의 빵에는 화이트 본레스햄과 얇게 썬 그뤼에르 치즈를 올리고 나머지 식빵으로 덮는다.
2. 1의 위에 그뤼에르 치즈(슈레드)를 올리고, 치즈가 녹아서 노릇노릇해질 때까지 오븐 토스터에 넣고 굽는다. 취향에 따라 검은 후추를 굵게 갈아서 뿌린다.

*
그뤼에르 치즈는 모두 슈레드 타입을 사용해도 좋다. 여기서는 빵 사이에는 넣기 편하도록 얇게 썬 것을 사용하였고, 샌드위치 위에는 잘 녹는 슈레드 타입의 그뤼에르 치즈를 올렸다.

POINT
- 2종류의 치즈를 블렌딩해서 사용하면 풍미가 더 좋아진다. 일반 슈레드 치즈에 풍미를 더하기 위해 그뤼에르 치즈 또는 에멘탈 치즈를 섞으면 좋다.
- 최근에는 베샤멜 소스(p.226 참조)를 넣은 크로크 무슈가 일반적이지만 베샤멜소스를 넣으면 바삭한 식감이 줄어들고, 그라탱 스타일의 크로크 무슈가 된다. 베샤멜 소스는 원하는 맛과 식감에 따라 넣거나 빼도 되고, 넣는 양을 조절할 수도 있다.

베샤멜 소스를 넣으면 그라탱 스타일로 식감이 달라진다.

arrange

크로크 마담

기본적인 크로크 무슈에 달걀 프라이를 얹으면 크로크 마담이 된다.
반숙으로 익힌 달걀 프라이의 노른자를 소스 삼아 먹으면 맛있다. 햄 대신 닭고기를 넣어도 좋다.

재료 1개 분량
둥근식빵(작은 것/12㎜) …… 2장
버터(무염) …… 9g
사각 본레스햄 …… 1장
베샤멜 소스(p.226 참조) …… 8g
슈레드 치즈(그뤼에르와 에멘탈을
  반씩 섞은 것) …… 40g
달걀 …… 1개
식용유 …… 적당량
소금, 검은 후추 …… 적당량

만드는 방법
1. 둥근식빵 1장은 한쪽면에, 다른 1장은 양쪽면에 버터를 바른다. 한쪽면에 버터를 바른 식빵에 베샤멜 소스(분량의 1/2)를 바르고 본레스햄과 치즈(분량의 1/2)를 올린 다음, 양쪽면에 버터를 바른 식빵으로 덮는다.
2. 1의 위에 나머지 베샤멜 소스와 치즈를 올리고 치즈가 녹아서 노릇노릇해질 때까지 오븐 토스터에 넣고 굽는다.
3. 빵을 굽는 동안 식용유를 두른 프라이팬에 달걀을 올리고 반숙으로 익힌다.
4. 달걀 프라이에 소금과 검은 후추를 뿌리고 2의 위에 올린다.

arrange

당근 글라세의 그라탱풍 크로크 무슈

은은한 단맛이 있는 당근 글라세와 베샤멜 소스가 어우러진 부드러운 맛. 붉은 후추의 향이 포인트이다. 요리를 먹는 듯한 느낌의 크로크 무슈.

Croque-Monsieur

재료 1개 분량
- 사각식빵(12mm) …… 2장
- 버터(무염) …… 12g
- 베샤멜 소스(p.226 참조) …… 20g
- 슈레드 치즈(그뤼에르와 에멘탈을 반씩 섞은 것) …… 40g
- 컨트리 로스트햄 …… 1장
- 당근 글라세 …… 15g
- 붉은 후추 …… 적당량

만드는 방법
1. 사각식빵 1장은 한쪽면에, 다른 1장은 양쪽면에 버터를 바른다. 한쪽면에 버터를 바른 식빵에 컨트리로스트햄, 당근 글라세, 붉은 후추, 베샤멜 소스(분량의 1/2), 치즈(분량의 1/3)을 순서대로 올리고 나머지 식빵으로 덮는다.
2. 1 위에 나머지 베샤멜 소스와 치즈를 올리고, 치즈가 녹아서 노릇노릇해질 때까지 오븐 토스터에 넣고 굽는다.
3. 가장자리를 자르고 2등분해서 붉은 후추를 뿌린다.

당근 글라세_당근(중간 크기) 1개를 1cm 크기로 깍둑썰기한 다음, 냄비에 버터 1큰술, 소금 한꼬집, 그래뉴당 3큰술과 당근을 넣고 당근이 잠길 정도로 물을 붓고 끓인다. 당근이 부드러워질 때까지 끓이면 완성.

arrange

단호박 & 베이컨의 그라탱풍 크로크 무슈

부드러운 단호박과 베이컨의 만남. 부드러운 맛에 검은 후추가 포인트. 호박 대신 고구마나 감자를 사용해도 좋다.

재료 1개 분량
- 사각식빵(12mm) …… 2장
- 버터(무염) …… 6g
- 베샤멜 소스(p.226 참조) …… 20g
- 슈레드 치즈(그뤼에르와 에멘탈을 반씩 섞은 것) …… 40g
- 베이컨(8mm, 직사각형으로 썬 것) …… 1/2장
- 단호박(얇게 썬 것) …… 25g
- 올리브유 …… 적당량
- 소금, 검은 후추 …… 적당량

만드는 방법
1. 단호박은 오븐팬에 올려서 소금, 검은 후추, 올리브유를 뿌린 다음 오븐에 굽는다.
2. 베이컨은 프라이팬에 볶아서 키친타월로 기름기를 제거한다.
3. 사각식빵 1장은 한쪽면에, 다른 1장은 양쪽면에 버터를 바른다. 한쪽면에 버터를 바른 식빵에 구운 단호박, 베이컨, 베샤멜 소스(분량의 1/2), 치즈(분량의 1/3)를 순서대로 올리고 나머지 식빵으로 덮는다.
4. 2에 나머지 베샤멜 소스와 치즈를 올려 오븐 토스터에 넣고 치즈가 노릇노릇해질 때까지 굽는다.
5. 가장자리를 자르고 2등분한 다음 굵게 간 검은 후추를 뿌린다.

PAN-BAGNAT

팡 바냐 / France 🇫🇷

식문화 배경과 유래

풍부한 색감이 시선을 사로잡는, 프랑스 남부 니스지방의 명물인 샐러드풍 샌드위치. '팡 바냐'는 프랑스 남부에서 '올리브유에 적신 빵'이란 의미이다. 빵에 올리브유와 채소의 수분이 스며들게 만드는 것이 특징인데, 니스풍 샐러드에서 비롯된 샌드위치로 지역적인 특색이 강하다.

보통 샌드위치를 만들 때는 재료의 수분이 빵에 스며들지 않도록 주의하는데, 이 샌드위치는 올리브유와 식초, 토마토의 수분이 빵에 스며들어야 맛있다.

basic sandwich

팡 바냐

PAN-BAGNAT 🇫🇷

일반적인 샌드위치와는 다르게 '빵에 수분이 스며들게 만드는 것'이 가장 중요한 포인트이다.
빵과 샐러드, 올리브유와 비네그레트 소스가 절묘한 조화를 이루는, 샐러드 샌드위치 중 최고의 걸작.

a. 빵
b. EXV 올리브유
c. 안초비
d. 붉은양파
e. 삶은 달걀
f. 방울토마토
g. 참치
h. 파프리카
i. 샐러리
j. 블랙 올리브
k. 꼬투리강낭콩
l. 상추
m. 써니양상추
n. EXV 올리브유
o. 빵

기본 조합	
빵	작고 둥근 빵
속재료	EXV 올리브유, 토마토, 참치, 달걀, 안초비 파프리카, 올리브 등
규칙	B-1

재료 1개 분량
포카치아(60g) …… 1개
EXV 올리브유 …… 5g
상추, 적상추 …… 6g
삶은 달걀 …… 1/2개
방울토마토(2등분) …… 2개
붉은양파(얇게 썬 것) …… 5g
셀러리(얇게 썬 것) …… 5g
파프리카(빨강, 노랑 / 얇게 썬 것) …… 8g
꼬투리강낭콩(소금물에 데친 것) …… 6g
블랙 올리브 …… 3개
참치통조림 …… 10g
비네그레트 소스 …… 15g
마늘 …… 1/2쪽
소금, 검은 후추 …… 적당량

비네그레트 소스_ 화이트 비네거 60㎖, 소금 1작은술, 흰 후추 약간, 양파즙 10g, 디종 머스터드 1작은술, 꿀 1/2작은술, 마늘 간 것 1/2작은술을 잘 섞은 다음, 올리브유 60㎖, 식용유 140㎖를 넣어서 유화시킨다.

만드는 방법
1. 포카치아는 위아래로 2등분하고 자른 면에 마늘을 문질러서 향을 낸 다음, EXV 올리브유를 바른다.
2. 방울토마토, 붉은양파, 셀러리, 파프리카, 꼬투리강낭콩, 참치를 비네그레트 소스와 섞는다. 삶은 달걀에 소금과 검은 후추를 뿌린다.
3. 빵에 상추와 써니양상추를 올리고 참치, 비네그레트 소스에 버무린 채소, 삶은 달걀, 안초비, 블랙 올리브를 순서대로 넣는다.

POINT
- EXV 올리브유는 향이 좋은 고급품을 사용한다.
- 채소를 빵에 넣기 직전에 비네그레트 소스에 살짝 버무려서 심플하게 맛을 내면 채소 고유의 향을 즐길 수 있다.
- 베어 먹기 좋은 부드러운 빵으로 만들어야 듬뿍 넣은 재료를 맛있게 즐길 수 있다.

arrange

니스풍 포테이토 샐러드의 비에누아 샌드

니스풍 포테이토 샐러드는 빵에 넣기 편해서 샌드위치를 만들기에 적당하다.
안초비, 올리브, 아욜리가 프랑스 남부의 맛을 살려준다.

재료 1개 분량
비에누아(p.14 참조 / 85g) …… 1개
아욜리(p.228 참조) …… 3g
버터(무염) 4g
니스풍 포테이토 샐러드 …… 45g
삶은 달걀 …… 1개
세미드라이 토마토(p.228 참조) …… 7g
꼬투리강낭콩(소금물에 데쳐서 2㎝ 길이로 자른 것) …… 5g
방울토마토(2등분) …… 2개
루콜라 …… 3g

만드는 방법
1. 비에누아는 가로로 칼집을 내고, 자른 면의 아래쪽에는 버터를, 위쪽에는 아욜리를 바른다.
2. 삶은 달걀은 얇게 썰어서 빵 사이에 넣고, 소금과 흰 후추를 뿌린다. 니스풍 포테이토 샐러드, 작게 자른 세미드라이 토마토, 꼬투리강낭콩, 방울토마토, 루콜라를 순서대로 올린다.

니스풍 포테이토 샐러드_부드럽게 삶은 감자 400g에 비네그레트 소스 2큰술, 디종 머스터드 1작은술, 소금, 흰 후추를 넣어서 맛을 낸다. 얇게 썬 붉은양파 20g, 다진 안초비 15g, 얇게 썬 블랙올리브 20g, 마요네즈 30g을 넣고 버무린 다음 소금과 흰 후추로 간을 한다.

arrange

PAN-BAGNAT

라타투이와 살라미의 치아바타 샌드

프랑스 남부의 허브향을 곁들인 라타투이와 매콤한 살라미,
치즈와 타프나드의 개성 있는 향이 어우러져 고급스러운 맛이 난다.
채소의 감칠맛이 가득한 소스가 빵에 스며들어서 차갑게 먹어도 맛있는 샌드위치.

재료 1개 분량
치아바타 …… 1개
EXV 올리브유 …… 2작은술
스파이시소프트 살라미 …… 3장
라타투이 …… 50g
파르메산 치즈 …… 1작은술
루콜라 …… 5g
타프나드 …… 2g

만드는 방법
1. 치아바타는 가로로 칼집을 내서 자른 면에 EXV 올리브유를 바르고, 위쪽의 자른 면에는 타프나드를 덧바른다.
2. 스파이시소프트 살라미와 라타투이를 사이에 끼워 넣고, 파르메산 치즈를 뿌린 다음 루콜라를 올린다.

라타투이_마늘은 다지고 그 밖의 모든 채소[토마토 3개, 파프리카(빨강, 노랑) 1개씩, 가지 2개, 주키니 1개, 양파(중간 것) 1개]를 한입 크기로 자른다. 올리브유를 두른 냄비에 마늘을 볶아서 향을 낸 다음 한입 크기로 자른 채소를 넣고 볶는다. 토마토 통조림 1개를 넣고 소금, 흰 후추, 타임, 로즈메리, 라벤더 등을 블렌딩한 혼합 향신료(herbes de Provence)를 넣어서 끓인다. 식혀서 냉장고에 넣고 하룻밤 숙성시키면 감칠맛이 더 진해진다.

타프나드(Tapenade)_안초비와 블랙 올리브 등으로 만든 프로방스풍 소스로 빵에 발라 먹거나 샐러드에 곁들인다.

PAIN SURPRISE
팽 쉬르프리즈 / France

식문화 배경과 유래

팽 쉬르프리즈는 '놀라운 빵'이라는 의미로 파티 때 먹는 특별한 빵 요리이다. 보통 트레퇴르(traiteur)라고 부르는 출장전문 요리사가 만드는 파티의 단골메뉴인데, 빵 종류는 정해져 있지 않고 높이가 있는 빵을 사용하면 된다. 빵 속을 도려내서 리에트나 치즈 페이스트 등을 바른 다음 원래의 빵 속에 다시 넣는데, 뚜껑을 닫고 리본으로 장식하여 파티 테이블에 올리면 파티 분위기가 물씬 나는 장식 효과까지 누릴 수 있다. 속을 도려내지 않고 그대로 잘라서 샌드위치를 만든 다음, 원래 모양대로 쌓아놓거나 동물 모양 등 여러 가지 모양으로 만들기도 한다.

basic sandwich
팽 쉬르프리즈

PAIN SURPRISE

파티의 에티파이저로 샴페인과 함께 먹기 좋은 샌드위치.
얇게 썬 빵에 질 좋은 재료를 넣어서 만든다.

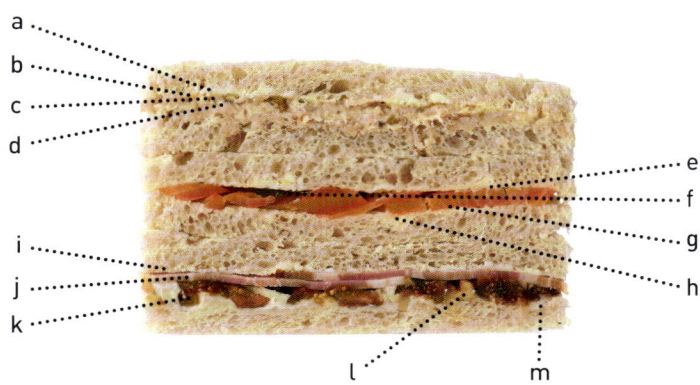

❶
a. 버터
b. 디종 머스터드
c. 피클
d. 돼지고기 리예트

❷
e. 레몬 버터
f. 딜
g. 훈제연어
h. 레몬 버터

❸
i. 버터
j. 페퍼싱켄
k. 말린 무화과 포트와인 조림
l. 구운 호두
m. 로크포르 버터

기본 조합	
빵	팽 오 세글
속재료	버터, 리예트, 치즈, 생햄, 훈제연어
규칙	C

재료 1개 분량
팽 오 세글(p.13 참조) …… 1개
버터(무염)
돼지고기 리예트(p.53 참조)
코르니숑
디종 머스터드
레몬 버터(p.215 참조)
딜
훈제연어
허브 크림치즈
로크포르 버터(p.215 참조)
구운 호두
말린 무화과 포트와인 조림
페퍼싱켄
} 각 적당량

만드는 방법
1. 팽 오 세글은 속을 도려내어(p.18~19 참조) 6조각으로 자른다.
2. 빵의 한쪽면에 버터를 바르고 속재료를 넣은 다음, 먹기 좋은 크기로 잘라서 원래의 빵 속에 다시 넣는다.

＊
빵 속에 넣는 샌드위치는 3종류를 만든다. 각각의 샌드위치를 만드는 순서는 다음과 같다.
❶ 빵에 돼지고기 리예트를 바르고 잘게 다진 코르니숑을 올린다. 나머지 빵에 버터와 디종 머스터드를 발라서 덮는다.
❷ 빵에 레몬 버터를 바르고 훈제연어와 딜을 올린다. 나머지 빵에 허브크림 치즈를 발라서 덮는다.
❸ 빵에 로크포르 버터를 바르고, 구운 호두와 말린 무화과 포트와인 조림을 작게 잘라서 올린 다음, 페퍼싱켄을 올린다. 나머지 빵에 버터를 발라서 덮는다.

말린 무화과 포트와인 조림_말린 무화과는 살짝 데쳐서 포트와인, 꿀과 함께 작은 냄비에 넣고 물을 조금 넣은 다음 조린다. 말린 무화과가 부드러워지면 국물에 잠긴 상태에서 그대로 식혀서 맛이 배게 한다.

POINT
● 빵이 부드러우면 속을 도려내기 어렵기 때문에 호밀이 들어간 단단한 빵이 좋다. 랩으로 감싸서 하루 정도 두었다가 사용한다.
● 빵은 둥근 틀에 넣고 구운 것으로 높이가 있는 빵을 선택해야 속을 도려내기 쉽다.
● 리예트, 치즈, 연어 등 속재료는 간단한 것이 좋다. 원래의 빵에 다시 넣어야 하므로 부피가 많이 늘어나지 않도록 주의한다.

BLT

비엘티 / America

식문화 배경과 유래

베이컨(Bacon), 양상추(Lettuce), 토마토(Tomato). 3가지 재료의 첫 글자를 따서 이름 붙인 미국의 대표 샌드위치. 영국에서 시작된 샌드위치가 미국에 전해진 것은 1920년 대이다. 현재의 BLT와 비슷한 베이컨 샌드위치가 발전해서 1930~1950년대에 걸쳐 널리 퍼졌으며, 미국의 간이식당인 다이너에서 인기 메뉴로 자리잡게 되었다. 주문할 때 재료의 첫 글자를 주문지에 적었던 것에서 지금의 이름으로 불려졌다고 한다. 바삭하게 구운 베이컨, 싱싱한 양상추, 과즙이 풍부한 토마토의 조합을 기본으로 치즈와 달걀, 아보카도 등을 넣어 다양하게 응용할 수 있다.

basic sandwich
BLT

미국 샌드위치답게 풍성하면서도 샐러드처럼 심플해서 인기 있는 샌드위치.
베이컨, 양상추, 토마토가 모두 주재료가 되도록 균형을 잘 맞추는 것이 중요하다.

기본 조합	
빵	식빵
속재료	베이컨, 양상추, 토마토, 마요네즈, 버터
규칙	B-2

a. 사각식빵
b. 버터
c. 양상추
d. 토마토마요 소스
e. 토마토
f. 베이컨
g. 버터
h. 사각식빵

BLT 🇺🇸

재료 1개 분량
사각식빵(15㎜) …… 2장
버터(무염) …… 6g
생베이컨(얇게 썬 것) …… 2장
토마토(큰 것/12㎜로 자른 것) …… 1장
토마토마요 소스 …… 8g
양상추 …… 30g
소금, 검은 후추, 흰 후추 …… 적당량

만드는 방법
1. 2등분한 생베이컨을 프라이팬에 올려서 바삭하게 구운 다음, 키친 타월로 기름기를 빼고 굵게 간 검은 후추를 뿌린다.
2. 빵은 살짝 구워서 한쪽면에 버터를 바른다.
3. 빵에 2의 베이컨, 소금과 흰 후추를 뿌린 토마토, 토마토마요 소스를 순서대로 올린다.
4. 양상추는 빵 크기에 맞게 접어서 토마토 위에 올리고 나머지 식빵으로 덮는다.

토마토마요 소스_마요네즈 20g, 토마토케첩 15g, 디종 머스터드 5g과 카옌페퍼(p.227 참조)를 조금 넣고 섞는다.

POINT
- 양상추를 자르지 않고 1장을 통째로 접어서 올리면 풍성한 부피감이 생긴다(p.235 참조).
- 베이컨의 품질이 맛을 좌우한다. 좋은 품질의 베이컨을 선택해서 바삭하게 굽는다.
- 토마토는 크고 두껍게 썰어서 풍부한 즙을 즐기고, 양상추를 듬뿍 넣어 아삭한 식감과 싱싱한 맛을 즐긴다.
- 소스의 기본은 마요네즈이지만 여러 가지 조미료를 넣어서 맛에 변화를 줄 수 있다.

간단한 재료이기 때문에 재료의 품질과 풍성한 부피감이 더욱 중요하다.

arrange

 +

시저 샐러드풍 BLCT

BLT에 C(=치즈)를 더했다.
시저 샐러드처럼 파르메산 치즈를 뿌리는 것이 포인트.

재료 1개 분량
통밀 사각식빵(20mm) …… 2장
버터(무염) …… 8g
베이컨(8mm) …… 1장
토마토(큰 것/12mm로 자른 것) …… 1장
시저 샐러드 드레싱 …… 15g
파르메산 치즈가루 …… 5g
로메인 상추 …… 30g
소금, 검은 후추 …… 적당량

만드는 방법
1. 2등분한 베이컨은 프라이팬에 구워서 키친타월로 기름기를 제거하고, 굵게 간 검은 후추를 뿌린다.
2. 빵은 살짝 구워서 한쪽면에 버터를 바른다.
3. 2에 구운 베이컨과 소금, 검은 후추를 뿌린 토마토를 올리고, 시저 샐러드 드레싱과 파르메산 치즈가루를 뿌린다.
4. 로메인 상추 1장을 빵 크기에 맞게 접어서 토마토 위에 올리고, 나머지 빵으로 덮어서 반으로 자른다.

시저 샐러드 드레싱_파르메산 치즈가루 2큰술, 마요네즈 2큰술, EXV 올리브유 2큰술, 우유(또는 생크림) 1큰술, 레몬즙 1작은술, 마늘 1조각, 안초비 2개를 부드러워질 때까지 핸드 블렌더로 잘 섞은 다음, 소금과 흰 후추로 간을 한다.

arrange

BLT 🇺🇸

BLAT

영양가 많은 아보카도를 넣은 BLAT에 고추냉이와 간장으로 맛을 낸 마요네즈를 넣어 동양적인 맛을 더했다. 햄버거빵을 사용해도 잘 어울린다.

재료 1개 분량
현미 둥근식빵(12㎜) …… 2장
버터(무염) …… 6g
생베이컨 …… 2장
토마토(큰 것/12㎜로 자른 것) …… 1장
고추냉이 간장 마요네즈 …… 8g
아보카도 …… 1/2개
레몬즙 …… 1큰술
양상추 …… 30g
소금, 검은 후추 …… 적당량

만드는 방법
1. 2등분한 생베이컨은 프라이팬에 구워서 키친타월로 기름기를 빼고, 굵게 간 검은 후추를 뿌린다. 아보카도는 반으로 잘라서 껍질과 씨를 뺀 다음, 세로로 길게 썰어서 레몬즙을 뿌린다.
2. 빵은 살짝 구워서 한쪽면에 버터를 바른다.
3. 2에 1의 베이컨과 소금, 검은 후추를 뿌린 토마토를 올리고, 고추냉이 간장 마요네즈를 뿌린다. 아보카도를 올리고 소금과 흰 후추를 뿌린다.
4. 로메인 상추 1장을 빵 크기에 맞게 접어서 아보카도 위에 올리고 나머지 식빵으로 덮어서 반으로 자른다.

고추냉이 간장 마요네즈_마요네즈 50g, 간장 5g, 고추냉이(와사비) 3g을 잘 섞는다.

Club Sandwich

클럽 샌드위치 / America

식문화 배경과 유래

클럽 샌드위치는 3장의 빵으로 만든 샌드위치로 '트리플 데커 샌드위치(triple decker sandwich)'라고도 한다. 클럽하우스 샌드위치라고도 하는데, 베이컨, 닭고기, 토마토, 양상추, 달걀, 마요네즈 등 미국에서 즐겨먹는 샌드위치의 기본 재료가 모두 들어 있다. 1890년대 사교클럽에서 제공된 것이 이름의 유래가 되었다고 한다. 2~3종류의 샌드위치를 하나로 만들어서 푸짐하고, 한 끼 식사로도 충분하기 때문에 인기가 높다. 프랑스에서는 고급스러우면서도 가벼운 식사로, 일류호텔이나 노상 카페 등에서 먹을 수 있다.

basic sandwich
클럽 샌드위치

기본 재료도 2단으로 겹쳐서 만들면 보다 화려해지고 푸짐해져서 한 끼 식사로도 충분하다.
기본조합에 소스와 양념을 변형시키면 여러 가지로 응용할 수 있다.
허브와 조미료를 조합하여 입에 맞는 맛을 찾아보자.

기본 조합	
빵	사각식빵
속재료	로스트치킨, 토마토, 양상추, 베이컨 달걀, 마요네즈, 버터
규칙	B-2

a. 사각식빵
b. 버터
c. 허브 마요네즈
d. 삶은 달걀
e. 베이컨
f. 로스트치킨
g. 허브 마요네즈
h. 토마토
i. 양상추
j. 버터
k. 사각식빵

Club Sandwich

재료 1개 분량

사각식빵(10mm) …… 3장
버터(무염) …… 12g
로스트치킨 …… 60g
생베이컨 …… 4장
삶은 달걀 …… 2개
토마토(큰 것 / 7mm로 자른 것) …… 2장
허브 마요네즈 …… 12g
양상추 …… 6g
소금, 흰 후추, 검은 후추 …… 적당량

만드는 방법
1. 사각식빵은 살짝 구워서 1장은 양쪽면에, 2장은 한쪽면에 버터를 바른다.
2. 생베이컨은 프라이팬에 구워서 키친타월로 기름기를 뺀다.
3. 한쪽면에 버터를 바른 빵 1장과 양쪽면에 버터를 바른 빵에 양상추와 토마토를 올리고, 토마토 위에 허브 마요네즈를 뿌린다. 베이컨, 로스트치킨, 얇게 썰어서 소금과 흰 후추를 뿌린 달걀을 순서대로 올리고, 달걀 위에도 허브 마요네즈를 조금 뿌린다.
4. 양쪽면에 버터를 바른 빵이 위로 오게 3을 포개서 놓고, 한쪽면에 버터를 바른 나머지 빵으로 덮어서 대각선 방향으로 4등분한다.

허브 마요네즈_ 이탈리안 파슬리, 타라곤(매콤달콤한 향에 쌉쌀한 맛이 나는 향신료), 차이브(향긋하고 톡 쏘는 향을 가진 향신료) 섞은 것 5g을 잘게 다져서 마요네즈 50g과 섞는다.

로스트치킨_ 닭다리살은 소금과 흰 후추로 밑간을 하고, 버터(무염)를 녹인 프라이팬에 올려서 껍질쪽부터 굽는다. 노릇노릇하게 구워지면 180℃ 오븐에 넣고 10분 정도 굽는다. 오븐에서 꺼내어 알루미늄 포일에 싼 다음 따뜻한 곳에 두면 남은 열로 골고루 익는다.

POINT
- 3장의 빵을 사용하기 때문에 많은 속재료를 보기 좋게 넣을 수 있다. 속재료의 조합, 넣는 순서와 균형에 따라 2장의 빵으로 만드는 것보다 각 재료의 맛을 더 진하게 느낄 수 있고, 풍성한 느낌도 살아난다.
- 빵을 얇게 잘라서 살짝 구우면 3장을 안정감 있게 쌓을 수 있다. 먹기 좋게 가장자리를 자르고, 작게 자를 경우에는 무너지지 않게 꼬치 등으로 고정한다.
- 속재료의 종류에 따라 같은 순서로 2단을 쌓거나 다른 재료를 넣어도 된다.

빵을 살짝 구우면 얇은 빵이라도 속재료를 넣기 쉽다.

arrange

스페셜 클럽 샌드위치

트러플 오일로 향을 낸 오믈렛과 치즈를 넣어서 고급스러운 맛을 낸 클럽 샌드위치.
기본 재료이지만 조합하는 방법을 변화시켜 다른 이미지로 연출하였다.

재료   1개 분량
호밀 사각식빵(10mm) …… 3장
버터(무염) …… 12g
로스트치킨(얇게 썬 것) …… 15g
베이컨(4mm) …… 1장
달걀 …… 1개
우유 …… 1큰술
트러플 오일 …… 적당량
그뤼에르 치즈(얇게 썬 것) …… 1장
토마토(큰 것/7mm로 자른 것) …… 1장
허브 마요네즈(p.75 참조) …… 12g
양상추 …… 4g
소금, 흰 후추 …… 적당량

만드는 방법
1. 사각식빵은 살짝 구워서 1장은 양쪽면에, 2장은 한쪽면에 버터를 바른다.
2. 베이컨은 3등분해서 프라이팬에 굽고 키친타월로 기름기를 제거한다.
3. 볼에 달걀을 풀고 우유, 트러플 오일(조금)을 섞은 다음, 소금과 흰 후추로 살짝 간을 한다. 버터를 녹인 프라이팬에 부어서 오믈렛을 만든다.
4. 한쪽면에 버터를 바른 빵에 양상추, 토마토, 허브 마요네즈, 로스트치킨을 순서대로 올리고, 양쪽면에 버터를 바른 빵을 올린다. 빵 위에 그뤼에르 치즈, 베이컨, 오믈렛을 올리고 허브 마요네즈를 뿌린 다음 나머지 빵으로 덮는다.
5. 가장자리를 잘라내고 3등분한다.

트러플 오일(Truffle oil)_최상의 오일에 트러플(송로버섯)을 넣어서 향과 맛을 낸 것.

arrange

Club Sandwich

탄두리치킨 클럽 샌드위치

스파이시한 치킨과 망고 처트니가 새로운 만드는 이국적인 맛이 탄생한다.
처트니, 잼, 과일을 이용하면 메뉴의 폭이 넓어진다.

재료 1개 분량
단호박 사각식빵(10mm) …… 3장
버터(무염) …… 12g
탄두리치킨(얇게 썬 것) …… 30g
생베이컨 …… 2장
망고 …… 20g
카레 마요네즈 …… 12g
양상추 …… 10g
망고 처트니 …… 5g

만드는 방법
1. 사각식빵은 살짝 구워서 1장은 양쪽면에, 2장은 한쪽면에 버터를 바른다.
2. 생베이컨은 2등분해서 프라이팬에 굽고 키친타월로 기름기를 제거한다.
3. 한쪽면에 버터 바른 빵에 양상추, 카레 마요네즈, 베이컨을 올리고, 양쪽면에 버터를 바른 빵을 올린다. 그 위에 양상추, 탄두리치킨, 얇게 썬 망고를 올린다.
4. 나머지 빵은 바른 버터 위에 망고 처트니를 덧발라서 3의 위에 올린다.
5. 가장자리를 자르고 3등분한다.

카레마요네즈_마요네즈 50g에 카레가루 1/2작은술을 넣고 섞는다.

망고 처트니_망고를 졸여서 잼처럼 만든 것.

Reuben Sandwich

루벤 샌드위치 / America 🇺🇸

식문화 배경과 유래

미국에서 가장 유명한 핫 샌드위치는 뉴욕 루벤 레스토랑에서 만들기 시작한 루벤 샌드위치이다. 1930~1940년대에 걸쳐 이 레스토랑에서는 유명인의 이름을 딴 여러 종류의 샌드위치가 만들어졌다고 한다. 그 중에서도 가장 유명한 핫 샌드위치인 'The reuben special'에는 칠면조, 버지니아 햄, 스위스 치즈, 콜슬로, 러시안 드레싱이 사용되었다. 나중에 속재료를 파스트라미와 사워크라우트로 바꾸어 넣은 샌드위치가 만들어지고, 현재는 주로 호밀빵에 콘드비프 또는 파스트라미, 스위스 치즈, 사워크라우트를 넣은 샌드위치를 루벤 샌드위치라고 한다.

유대계 식품점의 쇠고기 가공품, 독일의 사워크라우트, 그리고 스위스 치즈와 러시안 드레싱. 이렇게 여러 나라의 재료가 섞여 있는 샌드위치는 여러 인종과 민족이 공존하는 뉴욕의 모습을 잘 보여주고 있다.

basic sandwich
루벤 샌드위치

영국의 로스트비프 샌드위치가 차가운 고기를 사용하는 데 비해, 루벤 샌드위치는 따뜻한 고기를 사용한다.
육즙이 풍부한 콘드비프와 치즈의 감칠맛이 호밀빵과 잘 어울린다.
감칠맛, 깊은 맛, 신맛, 매운맛 등 여러 가지 맛이 절묘하게 조화를 이룬 맛있는 샌드위치.

기본 조합	
빵	호밀빵
속재료	버터, 콘드비프, 사워크라우트 스위스 치즈, 러시안 드레싱
규칙	B-1

a. 호밀빵
b. 버터
c. 스위스 치즈
d. 러시안 드레싱
e. 사워크라우트
f. 콘드비프
g. 버터
h. 호밀빵

Reuben Sandwich

재료 1개 분량
호밀빵(12㎜) …… 2장
버터(무염) …… 4g
콘드비프(p.225 참조) …… 100g
사워크라우트(물기 뺀 것) …… 20g
러시안 드레싱 …… 10g
스위스 치즈(얇게 썬 것) …… 1장
검은 후추 …… 적당량

만드는 방법
1. 호밀빵은 겉이 마를 정도로 살짝 구워서 한쪽면에 버터를 바른다. 콘드비프는 따뜻하게 데워 둔다.
2. 호밀빵 사이에 콘드비프, 사워크라우트, 러시안 드레싱, 스위스 치즈를 순서대로 넣는다.
3. 예열된 오븐 토스터에 넣고 치즈가 녹을 때까지 굽는다.
4. 2등분하고 굵게 간 검은 후추를 뿌린 다음, 취향에 따라 감자튀김과 피클(분량 외)을 곁들여 낸다.

사워크라우트(Sauerkraut)_독일식 양배추절임.

러시안 드레싱_케첩 30g, 마요네즈 30g, 요구르트 20g, 사워크림 10g, 홀스래디시(간 것) 3g을 잘 섞어서 만든다.

POINT
- 콘드비프는 미리 따뜻하게 데워둔 것을 듬뿍 넣는다. 비프 파스트라미를 사용해도 좋다.
- 사워크라우트의 신맛, 러시안 드레싱의 은은한 매운맛과 부드러운 신맛이 전체적인 맛의 균형을 잡아준다. 취향에 따라 사우전드 아일랜드 드레싱을 사용해도 좋다.
- 녹은 치즈는 핫 샌드위치의 맛을 내는 중요한 요소이며, 빵과 속재료를 하나로 이어주는 역할도 한다.

여러 나라의 다양한 재료가 하나의 샌드위치로 완성된다.

arrange

 +

크레송 & 사과 & 블루치즈 핫 파스트라미 샌드

기본 조합에 블루치즈 소스와 사과를 더 넣었다.
검은 후추로 맛을 낸 비프 파스트라미를 사용해서 어른 입맛에 맞는 샌드위치로 완성.

재료 1개 분량
잡곡 사각식빵(작은 것/12㎜) …… 2장
버터(무염) …… 4g
비프 파스트라미 …… 50g
사워크라우트(물기 뺀 것) …… 10g
에멘탈 치즈(얇게 썬 것) …… 1장
사과(2㎜로 썬 것) …… 15g
크레송 …… 4g
블루치즈 소스 …… 20g
검은 후추 …… 적당량

만드는 방법
1. 잡곡 사각식빵은 겉이 마를 정도로 살짝 굽고 비프 파스트라미는 따뜻하게 데운다.
2. 빵은 한쪽면에 버터를 바른 다음, 1장의 빵에는 비프 파스트라미와 사워크라우트를, 다른 1장의 빵에는 에멘탈 치즈와 사과를 올린다.
3. 2를 속재료가 위로 오도록 예열된 오븐 토스터에 넣고, 치즈가 녹을 때까지 굽는다.
4. 사워크라우트 위에 블루치즈 소스와 크레송을 얹고 2장의 빵을 합친 다음 2등분한다.

블루치즈 소스_요구르트 50g, 고르곤졸라 치즈(피칸테) 30g, 레몬즙 1작은술, EXV 올리브유 1큰술을 핸드 블렌더로 잘 섞은 다음, 소금과 흰 후추로 간을 한다.

arrange

루벤 파니노

기본 조합을 응용하여 그릴에 누른 파니노로 변형시켰다.
압착하면 부피가 줄어들어서 깔끔하게 먹을 수 있다.

재료 1개 분량
포카치아(10×10cm) ······ 1개
버터(무염) ······ 4g
비프 파스트라미 ······ 50g
사우전드 아일랜드 드레싱 ······ 10g
사워크라우트(물기 뺀 것) ······ 8g
에멘탈 치즈(얇게 썬 것) ······ 1장
검은 후추 ······ 적당량

만드는 방법
1. 포카치아는 가로로 2등분하고 자른 면에 버터를 바른다.
2. 비프 파스트라미, 사워크라우트, 사우전드 아일랜드 드레싱, 에멘탈 치즈를 순서대로 올린다.
3. 예열한 파니니 그릴에 넣고 치즈가 녹을 때까지 굽는다.

사우전드 아일랜드 드레싱_마요네즈 30g, 케첩 30g, 요구르트 20g, 다진 양파 1큰술, 다진 코르니숑 1작은술을 섞은 다음, 소금과 흰 후추로 간을 한다.

Bagel Sandwich

베이글 샌드위치 / America 🇺🇸

식문화 배경과 유래

베이글은 10세기 초, 동유럽에서 미국으로 이동한 유대인에 의해 전파되어 점점 널리 퍼졌다. 유대계 식당에서 크림치즈를 바른 베이글이 인기를 끌자, 베이글은 '뉴욕 델리'를 대표하는 인기메뉴로 자리를 잡았다. 일반사람들에게 보급된 것은 전용기계가 개발되고 대량생산이 가능해진 후의 일이다. 1980년대에는 여러 형태의 전문점이 생겨나고 북미지역으로 퍼져나갔다. 블루베리, 건포도, 시나몬, 말린 토마토 등을 이용한 응용 베이글도 다양해지면서 '뉴욕 베이글'이라는 이름으로 세계적인 붐을 일으켰다. 여러 가지 맛의 크림치즈를 바른 샌드위치는 뉴요커들이 즐겨먹는 메뉴이다.

basic sandwich
베이글 & 록스

록스(Lox)는 연어 가공품을 가리키며 대부분 훈제연어를 사용한다.
크림치즈와 연어는 베이글 샌드위치의 기본적인 조합이다. 크림치즈를 듬뿍 바르는 것이 포인트.

a. 베이글
b. 허브 크림치즈
c. 훈제연어
d. 허브 크림치즈
e. 베이글

기본 조합	
빵	베이글
속재료	크림치즈, 훈제연어
규칙	B-1

재료 1개 분량
베이글(플레인/90g) …… 1개
훈제연어 …… 30g
허브 크림치즈(p.229 참조) …… 50g
레몬즙 …… 1작은술

만드는 방법
1. 훈제연어에는 레몬즙을 뿌려둔다.
2. 베이글은 가로로 2등분해서, 자른 면에 허브 크림치즈를 바른 다음, 1의 훈제연어를 끼워 넣는다.

*
플레인 크림치즈와 훈제연어만 넣어도 좋지만, 취향에 따라 딜, 챠빌 등의 허브를 올려도 좋다.

POINT
- 크림치즈를 듬뿍 발라야 부피감이 생긴다. 크림치즈를 믹서로 충분히 휘핑해서 사용하면 더 부드러운 느낌이 난다.
- 크림치즈는 저지방 타입을 사용하거나 두부 스프레드로 대체하면 더 건강하게 즐길 수 있다.
- 쫀득한 식감이 베이글의 특징이다. 하드계열의 빵과는 다른, 특유의 식감이 있다.
- 베이글을 살짝 구워서 사용해도 좋다.

크림치즈를 듬뿍 바르는 것이 정통 뉴욕 스타일이다.

arrange

견과류 꿀절임 & 크림치즈

꿀과 크림치즈의 정통적인 조합도 견과류의 고소함과 검은 후추의 자극적인 맛이 더해져 특별하게 변한다. 통밀이나 현미로 만든 베이글에 잘 어울린다.

재료 1개 분량
베이글(통밀 / 100g) …… 1개
검은 후추 크림치즈(p.229 참조) …… 60g
견과류 꿀절임 …… 20g

만드는 방법
1. 베이글은 위아래로 2등분해서 아래쪽 빵에 검은 후추 크림치즈(분량의 2/3)를 바르고, 나머지는 위쪽 빵에 바른다.
2. 1에 견과류 꿀절임을 넣는다.

견과류 꿀절임_호두, 아몬드, 캐슈넛 등 취향에 맞는 견과류를 구워서 굵게 다진 다음, 같은 분량의 꿀과 섞는다.

arrange

블루베리 & 크림치즈

크림치즈는 블루베리잼과 궁합이 잘 맞는다. 정통적인 조합이기 때문에 잼의 맛이 매우 중요하다.

재료 1개 분량
베이글(믹스베리 / 100g) …… 1개
블루베리 크림치즈(p.229 참조) …… 60g

만드는 방법
베이글을 위아래로 2등분해서 블루베리 크림치즈를 바른다.

 +

Bagle Sandwich

생햄 & 토마토 크림치즈

치즈와 토마토는 환상의 콤비. 토마토 풍미의 크림치즈가 프로슈토의 향을 돋워준다. 루콜라 향이 청량감을 더한다.

재료 1개 분량
베이글(치즈 / 100g) …… 1개
토마토 크림치즈 …… 60g
프로슈토(얇게 썬 것) …… 1장
세미드라이 토마토(p.228 참조) …… 5g
루콜라 …… 3g

만드는 방법
1. 베이글은 위아래로 2등분하고, 아래쪽 빵에 토마토 크림치즈(분량의 2/3)를 바르고, 나머지는 위쪽 빵에 바른다.
2. 베이글에 프로슈토, 잘게 다진 세미드라이 토마토, 루콜라를 끼워 넣는다.

토마토 크림치즈_크림치즈 100g에 캐비어 드 토마토(Caviar de tomato, 드라이 토마토로 만든 캐비어와 같은 식감을 가진 소스) 8g을 섞는다. 캐비어 드 토마토 대신 시판 토마토 페이스트나 반건조 토마토를 잘게 다져 사용해도 좋다.

프로슈토_이탈리아어로 햄을 의미하며, 좁게는 '파르마산 생햄'을 의미한다.(p.223 참조)

Eggs Benedict

에그 베네딕트 / America

식문화 배경과 유래

반으로 잘라서 살짝 구운 잉글리시 머핀에 베이컨 또는 햄과 수란을 올리고 홀랜다이즈 소스를 뿌린, 요리에 가까운 샌드위치. 호텔 조식메뉴에서 많이 볼 수 있다. 브랑다드(Brandade, 말린 대구, 올리브유, 향신료를 넣고 죽처럼 끓인 것)를 바른 토스트 위에 수란(포치드 에그)을 올리고 홀랜다이즈 소스를 얹은 '외프 베네딕틴(œufs bénédictine)'이라는 프랑스 요리에서 발전했다고도 하고, 베네딕트가 사람 이름이라는 데서 연유해 뉴욕의 호텔과 레스토랑에서 손님인 베네딕트 씨를 위해 만들기 시작했다고도 한다.

basic sandwich
에그 베네딕트

바삭하게 구운 잉글리시 머핀 위에 올린 베이컨, 반숙으로 익힌 수란,
걸쭉하고 부드러운 홀랜다이즈 소스.
바삭하고 부드러운 식감의 대비가 절묘한, 행복한 아침메뉴.

Eggs Benedict

a. 홀랜다이즈 소스
b. 수란(포치드 에그)
c. 베이컨
d. 잉글리시 머핀

*
오른쪽 사진의 달걀은
자르기 쉽게 조금 더 익힌
것이다.

기본 조합	
빵	잉글리시 머핀
속재료	베이컨(또는 햄), 수란, 홀랜다이즈 소스
규칙	B-1

재료 1개 분량
잉글리시 머핀(60g) …… 1개
베이컨 …… 2장
달걀 …… 2개
홀랜다이즈 소스 …… 50g
소금, 검은 후추 …… 적당량

만드는 방법
1. 잉글리시 머핀은 포크를 이용하여 위아래로 반을 가른다.
2. 달걀을 깨서 작은 볼에 담아놓고, 끓는 물에 식초를 조금(분량 외) 넣는다. 긴 젓가락으로 물의 휘저어 흐름을 만든 다음, 냄비 가운데에 재빨리 달걀을 넣고 흰자가 익을 때까지 익힌다. 흰자가 익으면 찬물에 담가 식힌다.
3. 베이컨은 2등분해서 프라이팬에 굽고 키친타월로 기름기를 제거한다. 잉글리시 더핀은 살짝 굽는다.
4. 잉글리시 머핀에 구운 베이컨과 키친타월로 물기를 제거한 수란을 올려서 접시에 담고, 홀랜다이즈 소스를 뿌린다. 수란 위에 소금과 굵게 간 검은 후추를 뿌린다.

POINT
- 따로따로 요리한 속재료가 식기 전에 조합하는 것이 포인트. 조합은 간단하지만 요리적인 요소가 강하다.
- 잉글리시 머핀을 반으로 잘라서 만들기 때문에 1접시에 2개가 기본이어서 푸짐하다. 여성을 위한 메뉴를 만들고 싶다면 에그 베네딕트는 1개만 만들고, 나머지 1개의 잉글리시 머핀은 버터와 꿀을 곁들이거나, 샐러드를 올려도 좋다.

홀랜다이즈 소스_달걀노른자 2개와 물 1큰술을 볼에 넣고, 중탕을 하면서 휘핑한다. 거품기를 들어 올렸을 때 자국이 날 정도로 휘핑한 다음, 끓여서 거품과 찌꺼기를 제거한 후 맑은 버터 100g을 조금씩 넣고 잘 저으면서 유화시킨다. 레몬즙 1큰술을 넣고 소금과 흰 후추로 간한 다음 고운체에 내린다. 완성된 소스에 랩이 직접 닿도록 씌우고 중탕으로 따뜻하게 보온한다. 홀랜다이즈 소스의 분량은 만들기 쉬운 분량을 기준으로 했으며, 에그 베네딕트 3개 분량이다.

수란은 젓가락으로 물을 휘저어서
흐름을 만든 다음, 냄비 가운데에
달걀을 넣고 흰자가 단단해질 때
까지 익힌다.

따뜻한 마요소스를 얹은 모르타델라 에그 베네딕트

버터 대신 비네그레트 소스를 넣은 따뜻한 마요소스는 홀랜다이즈 소스보다 가벼운 맛이다.
채소를 듬뿍 넣고 샐러드풍으로 만들어도 좋다.

재료 1개 분량
잉글리시 머핀(60g) …… 1개
모르타델라 소시지 …… 2장
수란 …… 2개
따뜻한 마요소스 …… 50g
소금, 검은 후추 …… 적당량

만드는 방법
1. 잉글리시 머핀은 포크를 사용하여 위아래로 반을 가른다.
2. 모르타델라 소시지는 프라이팬에 굽고, 잉글리시 머핀은 오븐 토스터에 살짝 굽는다.
3. 잉글리시 머핀에 모르타델라 소시지와 수란을 올리고 따뜻한 마요소스를 뿌린다. 수란 위에 소금과 굵게 간 검은 후추를 뿌린다.

모르타델라 소시지_이탈리아 볼로냐지방의 돼지고기 소시지로 돼지고기를 곱게 갈아서 향신료와 비계, 피스타치오 등을 넣고 만든다.

따뜻한 마요소스_달걀노른자 2개와 물 1큰술을 볼에 넣고 중탕하면서 휘핑한다. 거품기를 들어 올렸을 때 자국이 남을 때까지 휘핑한 다음, 비네그레트 소스(p.61 참조) 80g을 조금씩 넣고 거품기로 잘 저어서 유화시킨다. 싱거우면 소금과 흰 후추로 간을 맞춘다.

arrange

 Eggs Benedict

베샤멜치즈 소스를 얹은 페퍼싱켄 에그 베네딕트

홀랜다이즈 소스 대신 베샤멜 소스에 그뤼에르 치즈를 녹여서 넣어 부드러운 맛을 냈다.
검은 후추의 향이 포인트.

재료 1개 분량
잉글리시 머핀(60g) …… 1개
페퍼싱켄(p.223 참조) …… 2장
수란 …… 2개
베샤멜치즈 소스 …… 50g
소금, 검은 후추 …… 적당량

만드는 방법
1. 잉글리시 머핀은 포크를 사용하여 위아래로 반을 가른다.
2. 페퍼싱켄은 프라이팬에 굽고, 잉글리시 머핀은 오븐 토스터에 살짝 굽는다.
3. 잉글리시 머핀에 페퍼싱켄과, 수란을 올리고 베샤멜치즈 소스를 듬뿍 뿌린다. 수란 위에 소금과 굵게 간 검은 후추를 뿌린다.

베샤멜치즈 소스_베샤멜 소스 120g과 생크림 1큰술을 냄비에 넣고 따뜻하게 데운 다음, 그뤼에르(슈레드) 치즈 30g을 넣고 녹여서 섞는다. 치즈는 취향에 따라 다른 종류를 넣어도 좋다.

Burrito

부리토 / America 🇺🇸

식문화 배경과 유래

부리토는 밀가루로 만든 토르티야에 속재료를 듬뿍 넣고 말아서 만든 가벼운 식사로, 샌드위치의 일종이다. 미국에서는 전문점이 많이 있을 정도로 친숙한 메뉴이다. 원래 토르티야는 옥수수가루로 만든 납작한 빵을 가리키는데, 이 빵에 고기, 채소, 치즈를 싸서 먹는 것을 타코스라고 한다. U자 모양으로 튀긴 타코셸(타코를 싸는 껍질)에 칠리 미트와 양상추를 끼워 넣은 것도 타코스라고 부르는데, 이것은 멕시코와 이웃하는 텍사스주에서 응용하여 만든 텍스멕스 요리(TEX-MEX, 미국풍 멕시칸요리)이다. 부리토도 이러한 텍스멕스 요리의 하나로 멕시코 스타일로 재료를 사용하고 맛을 내는 것이 특징이다. 부리토에서 발전한 랩 샌드위치는 최근 미국에서 인기 있는 스타일로 재료의 조합이 자유롭다.

basic sandwich
그릴치킨 부리토

Burrito 🇺🇸

큰 토르티야에 재료를 듬뿍 넣고 둥글게 만다. 채소를 많이 넣어서 건강에 좋은 것도 부리토의 매력. 고기, 밥, 채소, 콩, 치즈 등 다양한 재료로 미각의 조화를 즐길 수 있다.

a. 플라워 토르티야
b. 양상추
c. 블랙 빈
d. 슈레드 치즈
e. 로스트치킨
f. 실란트로 라임 라이스
g. 샤워크림
h. 살사 멕시카나

기본 조합	
빵	플라워 토르티야
속 재료	육류(닭고기, 돼지고기, 쇠고기), 양상추, 토마토, 살사, 슈레드 치즈, 사워크림, 콩, 밥, 할라피뇨 소스
규칙	B-1

재료 1개 분량
플라워 토르티야 (11인치) ······ 1장
실란트로 라임 라이스 ······ 20g
닭다리 살 ······ 1/3장
라임즙 ······ 1작은술
양상추(굵게 채썰기) ······ 20g
블랙빈 조림 ······ 15g
살사 멕시카나 ······ 30g
슈레드 치즈 ······ 10g
사워크림 ······ 10g
소금, 흰 후추, 칠리 파우더 ······ 적당량
할라피뇨 소스 ······ 취향에 따라

만드는 방법
1. 닭다리 살은 소금, 흰 후추, 칠리 파우더로 밑간을 하고, 그릴에 구워서 두툼하게 썬 다음 라임즙을 뿌려둔다.
2. 토르티야는 프라이팬에 올려서 양쪽면을 살짝 데운 다음, 알루미늄 포일 위에 놓고, 실란트로 라임 라이스, 닭다리 살, 살사 멕시카나, 블랙빈 조림, 슈레드 치즈, 사워크림, 양상추를 순서대로 올려서 둥글게 만다. 알루미늄 포일로 감싼 다음, 먹을 때 취향에 따라 할라피뇨 소스를 뿌려서 먹는다.

실란트로 라임 라이스_바스마티 라이스(Basmati Rice, 길쭉한 모양의 향긋한 쌀)로 지은 밥에 코리앤더와 라임즙, 마늘 약간과 소금을 믹서로 갈아서 퓌레 상태로 만든 것을 넣고 섞는다. 실란트로는 스페인어로 '코리앤더(고수)'를 의미하는데 멕시코 이민자가 많은 미국에서는 코리앤더 잎을 '실란트로'라고 부르는 경우가 많다.

블랙빈 조림_잘게 다진 양파 1/2개에 식용유를 조금 넣고 볶는다. 양파가 투명해지면 블랙빈(캔제품) 1캔, 커민 파우더 1작은술, 소금, 흰 후추를 넣고 15분 정도 조린다.

살사 멕시카나_토마토 1개, 양파 1/2개, 파프리카(빨강, 노랑) 1/4개씩, 할라피뇨(초절임) 1개, 코리앤더 잎 1/2단을 잘게 다져서 소금으로 간을 한다.

POINT
- 멕시코 부리토는 가늘게 말고, 미국 부리토는 두껍게 만다. 여러 가지 속재료를 듬뿍 넣어 푸짐하게 만든 것이 특징.
- 칠리 파우더는 텍스멕스 요리에 빼 놓을 수 없는 혼합 향신료. 여기에 코리앤더 잎, 할라피뇨 초절임 또는 할라피뇨 소스를 더해서 특별한 맛을 완성한다.
- 주재료는 돼지고기나 쇠고기 등 취향에 따라 바꿔도 좋다.

arrange

베지테리언 부리토

아보카도를 으깨서 만든 '과카몰리'를 넣은 샐러드풍의 부리토.
채소를 듬뿍 넣고 칠리 파우더와 코리앤더의 향을 더해 깊은 맛이 난다.

재료   1개 분량
플라워 토르티야(11인치) ······ 1장
실란트로 라임 라이스(p.93 참조) ······ 20g
과카몰리 ······ 30g
양상추(굵게 채썰기) ······ 20g
블랙빈 조림(p.93 참고) ······ 30g
살사 멕시카나(p.93 참고) ······ 30g
데친 옥수수 ······ 10g
슈레드 치즈 ······ 10g
사워크림 ······ 10g
할라피뇨 소스 ······ 취향에 따라

만드는 방법
1. 플라워 토르티야는 프라이팬에 올려서 양쪽면을 살짝 데운다.
2. 1에 실란트로 라임 라이스, 과카몰리, 양상추, 살사 멕시카나, 블랙빈 조림, 옥수수, 슈레드 치즈, 사워크림을 순서대로 올린 다음, 둥글게 말아서 알루미늄 포일로 싼다. 먹을 때 취향에 따라 할라피뇨 소스를 뿌려서 먹는다.

과카몰리(Guacamole)_양파(작은 것) 1/2개는 잘게 다지고, 라임즙 1/2개 분량, 소금 1/3작은술을 넣어서 섞는다. 아보카도 1개를 잘게 다져서 넣고 포크 등으로 으깨면서 잘 섞는다. 소금과 흰 후추로 간을 한다.

arrange

Burrito

햄 & 치즈 & 과카몰리 부리토

햄과 치즈에 과카몰리, 살사, 그리고 양상추를 듬뿍 넣은 간편한 부리토.
멕시코의 맛을 손쉽게 즐길 수 있다.

재료 1개 분량
플라워 토르티야(11인치) …… 1장
로스햄 …… 2장
화이트 체다치즈(얇게 썬 것) …… 2장
과카몰리(p.94 참조) …… 30g
양상추(굵게 채썰기) …… 30g
살사 멕시카나(p.93 참조) …… 20g

만드는 방법
1. 토르티야는 프라이팬에 올려서 양쪽면을 살짝 데운다.
2. 토르티야에 로스햄, 화이트 체다치즈, 과카몰리, 양상추, 살사 멕시카나를 순서대로 올리고 둥글게 말아서 알루미늄 포일로 싼다.

basic sandwich
Peanut Butter and Jelly
피넛 버터 & 젤리 / America

식문화 배경과 유래

미국 아이들의 대표적인 도시락 메뉴인 피넛버터 & 젤리 샌드위치. 주로 가정에서 만드는 샌드위치로 'PB & J'라고 부른다.

　미국에서 피넛버터는 샌드위치에 바르는 인기 있는 필링의 하나로, '피넛버터 & 바나나', '피넛버터 & 베이컨', '피넛버터 & 양상추' 등도 인기가 많다. 엘비스 프레슬리가 좋아했다고 전해지는 '엘비스 샌드위치'는 피넛 버터를 바르고 그 위에 바나나와 베이컨을 얹은 그릴 샌드위치로 샌드위치 전문점이나 간이식당의 간판 메뉴이다.

기본 조합	
빵	식빵
속재료	피넛버터, 젤리(또는 잼)
규칙	C

재료 1개 분량
둥근식빵(작은 것 / 12mm) …… 2장
피넛버터 …… 적당량
포도잼 …… 적당량

만드는 방법
둥근식빵 1장에 피넛버터를 바르고, 다른 1장에는 포도잼을 발라서 합친다.

POINT
- 피넛버터는 땅콩 알갱이가 들어 있어서 식감이 좋은 '청키(Chunky)'와 부드러운 '스무스(Smooth)' 2가지 종류가 있으므로 취향에 따라 선택한다.
- 젤리는 과즙만으로 만든 잼을 말한다. 미국에서는 포도젤리를 넣는 것이 일반적이지만, 우리나라에서는 구하기 어려우므로 포도잼을 사용하였다.

Monte Cristo

basic sandwich

몬테 크리스토 / America

식문화 배경과 유래

미국식 크로크 무슈라고 할 수 있는 고전적인 샌드위치. 햄과 치즈, 칠면조 또는 치킨을 플레인 식빵에 끼워 넣고, 우유와 달걀을 섞은 달걀물에 담가서 굽거나 튀김 옷을 입혀 튀긴다. 마무리로 슈가 파우더를 뿌리고, 딸기잼, 레드커런트(Red currant, 체리향과 상큼한 신맛이 나는 베리잼), 믹스베리잼 또는 젤리를 곁들여 낸다. 새콤달콤한 조합이 신선하며, 아침식사로 좋다.

기본 조합

빵	식빵
속재료	햄, 칠면조(또는 치킨), 슬라이스 치즈, 잼(또는 젤리)
규칙	B-2

재료 1개 분량

- 브리오슈 드 낭테르 (p14참조 / 15mm) …… 2장
- 버터(무염) …… 6g
- 로스햄 …… 1장
- 훈제치킨(얇게 썬 것) …… 20g
- 마리보 치즈(얇게 썬 것) …… 1장
- 달걀물
  - 달걀 …… 1개
  - 우유 …… 1큰술
  - 소금 …… 1꼬집
  - 그래뉴당 적당량
- 버터(무염) …… 적당량
- 슈가 파우더, 딸기 잼 …… 적당량

만드는 방법

1. 브리오슈 드 낭테르는 한쪽면에 버터를 바르고, 로스햄, 훈제치킨, 마리보 치즈를 끼워 넣는다.
2. 달걀물 재료를 섞어서 1을 담근 다음, 버터를 녹인 프라이팬에 노릇노릇하게 굽는다.
3. 2등분하여 접시에 담고, 슈가파우더를 뿌리고 딸기잼을 곁들여 낸다.

마리보(Maribo) 치즈_덴마크산 치즈로 부드럽고 순하며 은은한 신맛이 있다.

POINT

● 일반적으로 플레인 식빵을 사용하지만 브리오슈를 사용하면 좀 더 깊고 진한 맛을 즐길 수 있다.

KALTES ESSEN

칼테스 에센 / Germany 🇩🇪

식문화 배경과 유래

독일은 예로부터 추위에 강한 호밀을 많이 재배했기 때문에 북부지역을 중심으로 호밀빵을 많이 만들었다. 또한, 추운 겨울을 나기 위한 저장식품으로 햄, 소시지 등의 육가공품이 발달하여 지역에 따라 특색 있는 제품이 다양하게 만들어졌으며, 그 중에서도 특히 소시지는 독일을 대표하는 식품이 되었다. 또, 빵의 종류도 다양해서 1,000종류 이상이 있으며, 다양한 빵과 육가공품, 그리고 치즈와 버터 등 유제품의 조합은 독일에서 쉽게 볼 수 있는 일상적인 음식이다. 일반적으로 독일 가정에서는 불을 사용해서 요리하는 일이 적으며, 냉장고에서 바로 꺼낸 햄, 치즈, 피클 등, 전통적인 저장식품과 얇게 썬 빵을 식탁에 올려놓고 각자 샌드위치를 만들어 먹는 경우가 많다. 독일어로 '칼트(Kalt)'는 차가운 것을, '에센(Essen)'은 음식을 의미하는 말로, '칼테스 에센'은 불을 사용하지 않고 만드는 독일의 일상적인 식사를 말한다. 본래 샌드위치를 의미하는 말은 아니지만 이 책에서는 독일의 전통적인 셀프 샌드위치라는 의미에서 소개한다.

basic sandwich
칼테스 에센

독일빵은 호밀 100%인 검은 빵부터 밀이 많이 들어간 바이첸미슈브로트(Weizenmischbrot)까지 종류가 다양하다.
현재 독일에서는 밀가루로 만든 빵을 많이 먹기 때문에 호밀빵뿐 아니라 취향에 따라 먹고 싶은 독일빵을 선택하면 된다.
햄과 치즈, 그밖에 좋아하는 재료를 준비해서 자유롭게 샌드위치 만들어보자.

기본 조합	
빵	독일빵
속재료	버터, 햄, 소시지, 치즈, 사워크라우트, 피클 등
규칙	B-1

a. 호밀빵

b. 버터

c. 루콜라

d. 사워크라우트

e. 싱켄스펙(생햄)

f. 버터

g. 호밀빵

❋
이 조합은 하나의 예이며 취향에 따라 여러 가지로 조합할 수 있다.

재료   1개 분량
햄, 소시지, 치즈, 피클, 사워크라우트, 버터, 여러 가지 독일빵
　…… 적당량

만드는 방법
재료를 테이블에 올려 놓고 자유롭게 조합하여 먹는다.

POINT
- 버터와 크림치즈 등의 유제품이나 고기 페이스트 종류를 듬뿍 바르면 독일빵 특유의 신맛이 부드러워져서 맛있게 먹을 수 있다.
- 독일빵을 자를 때는 두께가 중요하다. 호밀의 비율과 각각의 빵의 특징에 따라 5~10㎜ 정도로 자른다.

독일에서는 고기 페이스트 종류, 크림치즈, 딥 등 빵에 바르는 것들을 다양하게 판매하고 있다. 햄과 치즈를 넣지 않고 한 가지만 발라서 먹어도 맛있다.

arrange

레버부르스트 & 크림치즈 샌드위치

소나 돼지의 간을 갈아서 만든 리버 페이스트를 독일에서는 레버부르스트라고 하며 널리 사랑받는 재료이다.
특유의 깊은 맛과 감칠맛이 호밀빵의 신맛과 잘 어울린다.
크림치즈와 섞어서 바르고 베이컨을 얹으면 간을 싫어하는 사람도 맛있게 먹을 수 있다.

재료 1개 분량
베를리나 란드브로트(p.15 참조/10㎜) …… 2장
버터(무염) …… 8g
리버 페이스트 …… 15g
크림치즈 …… 15g
베이컨 …… 1/2장
양파절임 …… 8g
루콜라 …… 2g
검은 후추 …… 적당량

만드는 방법
1. 리버 페이스트와 크림치즈는 미리 잘 섞어 놓는다.
2. 직사각형 모양으로 썬 베이컨은 프라이팬에 올려서 굽고, 키친타월로 기름기를 제거한다.
3. 베를리나 란드브로트는 한쪽면에 버터를 바르는데, 1장은 버터 위에 1을 덧바른다.
4. 1을 바른 빵 위에 2의 베이컨과 양파절임, 루콜라를 순서대로 올리고 굵게 간 검은 후추를 뿌린 다음, 나머지 빵으로 덮는다.

양파절임_얇게 채 썬 양파에 비네그레트 소스(p.61 참조)를 넣고 절인다.

arrange

KALTES ESSEN

메트부르스트 & 과카몰리 품퍼니켈 샌드

독일에서 많이 먹는 페이스트 타입의 가열하지 않은 소시지인 메트부르스트는
로겐브로트나 품퍼니켈 등과 같은 호밀빵에 잘 어울린다.
우리나라에서는 구하기 어려운 재료이지만 기회가 된다면 꼭 한번 먹어보자.

재료 1개 분량
품퍼니켈(p.15 참조/5mm) …… 2장
버터(무염) …… 6g
메트부르스트(p.225 참조) …… 30g
과카몰리(p.94 참조) …… 20g

만드는 방법
1. 품퍼니켈은 한쪽면에 버터를 바른다.
2. 1장에는 메트부르스트를 바르고 다른 1장에는 과카몰리를 발라서 포갠다.

*
메트부르스트 대신 잘게 다진 생햄과 다진 양파, EXV 올리브유를 섞어서 사용해도 좋다.

WRUSTBRÖTCHEN

부르스트브뢰첸 / Germany 🇩🇪

식문화 배경과 유래

독일에서는 햄을 '싱켄(Shinken)', 소시지를 '부르스트(wurst)'라고 하며, 이런 육가공품은 식탁에 빠지지 않고 올라온다. 특히 부르스트는 크기와 형태가 다양하며, 데친 것, 구운 것, 그대로 먹는 것 등 먹는 방법과 맛도 다양하다.

따뜻한 소시지는 길거리 노점의 간판 메뉴로, 다양한 종류가 있는데 구운 소시지인 브라트부르스트(Bratwurst)는 독일의 최고 인기 간식으로, 브뢰첸(brötchen)이라고 부르는 작은 빵에 끼워서 먹는다. 언뜻 보면 핫도그 같지만, 우리가 생각하는 핫도그와는 그 모습이 사뭇 다르다. 작은 빵 사이에서 소시지가 길게 튀어나와 있는 모습이 손이나 접시 또는 포크를 대신하여 빵에 소시지를 끼워서 먹는 느낌이다.

basic sandwich
브라트부르스트브뢰첸

WRUSTBRÖTCHEN

독일 길거리 노점에서 볼 수 있는, 소시지와 독일빵의 대표적인 조합이다.
칼테스 에센이 차가운 샌드위치인데 반해 브라트부르스트브뢰첸은 핫 샌드위치.

a. 브뢰첸
b. 버터
c. 구운 소시지
d. 머스터드

기본 조합	
빵	브뢰첸
속재료	구운 소시지, 머스터드
규칙	B-1

재료 1개 분량
브뢰첸(p.14 참조 / 50g) …… 1개
버터(무염) …… 4g
허브 소시지(40g) …… 1개
머스터드 …… 적당량

만드는 방법
1. 소시지는 겉이 노릇노릇해질 때까지 굽는다.
2. 브뢰첸은 약간 위쪽에서 비스듬히 칼집을 내고, 자른 면에 버터를 바른다.
3. 브뢰첸에 소시지를 끼워 넣고 머스터드를 뿌린다.

*
본래 길거리 노점에서는 빵에 버터를 바르지 않는다. 버터는 취향에 따라 바른다.

POINT
● 질 좋은 소시지를 잘 구워서, 갓 구운 것을 끼워 넣는다.
● 머스터드로 맛을 내고, 취향에 따라 케첩을 넣어도 좋다.
● 어디까지나 소시지가 주인공인 샌드위치이기 때문에 소시지가 빵 밖으로 삐져나와도 좋다.

비엔나 소시지, 프랑크푸르트 소시지, 플라이쉬케제(간 고기에 향채소, 양념을 섞어서 직사각형 틀에 넣고 찐 것), 햄처럼 얇게 썬 소시지 등 독일에는 다양한 종류의 소시지가 있다.

커리부르스트브뢰첸

독일 길거리 노점의 인기메뉴인 커리부르스트(Currywurst)는 둥글게 썬 소시지에 케첩과 카레가루를 뿌려서 만든 간단한 음식이다. 이 조합을 그대로 샌드위치에 응용하고, 달콤하게 볶은 양파를 더해 맛도 업그레이드!

재료 1개 분량
브뢰첸(p.14 참조 / 50g) …… 1개
버터(무염) …… 4g
비엔나 소시지(속이 거친 것 / 30g) …… 1개
양파(얇게 썬 것) …… 10g
케첩 …… 10g
카레가루 …… 적당량
식용유, 소금, 흰 후추 …… 적당량

만드는 방법
1. 브뢰첸은 위에서 세로로 칼집을 내고 자른 면에 버터를 바른다.
2. 식용유를 약간 두른 프라이팬에 양파를 볶다가 소금과 흰 후추로 간을 한 다음 케첩을 넣는다.
3. 비엔나 소시지는 80℃ 정도의 뜨거운 물에 살짝 데쳐서 데운다.
4. 브뢰첸에 3의 비엔나 소시지를 끼워 넣고 2의 양파를 올린 다음 카레가루를 뿌린다.

사워크라우트 & 허니머스터드 핫도그

부드러운 비엔나에 사워크라우트와 허니머스터드를 조합하면 새로운 맛을 즐길 수 있다. 사워크라우트를 볶으면 신맛이 줄어든다.

재료 1개 분량
피셀(100g) …… 1/2개
버터(무염) …… 4g
비엔나 소시지(속이 거친 것 / 30g) …… 1개
사워크라우트 …… 15g
허니머스터드 …… 8g
소금, 흰 후추, 검은 후추 …… 적당량

만드는 방법
1. 피셀은 위에서 세로로 칼집을 내고 자른 면에 버터를 바른다.
2. 비엔나 소시지는 80℃ 정도의 물에 살짝 데친다.
3. 사워크라우트는 수분을 제거하고 프라이팬에서 볶다가 소금과 흰 후추로 간을 한다.
4. 피셀에 비엔나 소시지를 끼워 넣고 허니머스터드를 올린다. 사워크라우트를 올리고 굵게 간 검은 후추를 뿌린다.

피셀(Ficelle)_가느다란 바게트.

*
허니머스터드가 없을 경우에는 일반 머스터드에 꿀을 넣어서 사용해도 좋다.

arrange

WRUSTBRÖTCHEN

레버케제젬멜

독일에는 간을 넣어 만든 소시지가 여러 종류 있는데, 그 중에서 틀에 넣어 구운 레버케제(Leberkäse)는 두껍게 잘라서 스테이크처럼 구워 먹으면 맛있다. 독일에서 즐겨먹는 하드롤인 카이저젬멜에 레버케제를 끼워 넣은 샌드위치를 '레버케제젬멜(Leberkässemmel)'이라 부르며 가벼운 식사로 인기가 높다.

재료 1개 분량
카이저젬멜(50g) …… 1개
버터(무염) …… 4g
레버케제 …… 1장(75g)
소금, 흰 후추 …… 적당량

만드는 방법
1. 카이저젬멜은 가로로 2등분해서 자른 면에 버터를 바른다.
2. 레버케제는 프라이팬으로 굽고 소금과 흰 후추로 살짝 간을 한다.
3. 레버케제 위에 머스터드를 뿌리고 카이저젬멜에 끼워 넣는다.

arrange   + +

맛이 부드러운 비어싱켄은 얇게 썰어서 그대로 먹는 것이 맛있다. 심플한 맛을 살리기 위해 상추, 토마토와 조합하여 샐러드풍으로 완성하였다.

샐러드풍 비어싱켄 카이저 샌드

재료 1개 분량
카이저젬멜(50g) …… 1개
버터(무염) …… 4g
비어싱켄(얇게 썬 것) …… 2장
머스터드 …… 3g
마요네즈 …… 5g
상추 …… 4g
토마토(7㎜로 자른 것) …… 1조각

만드는 방법
1. 카이저젬멜은 가로로 2등분해서 자른 면에 버터를 바른다. 위쪽 빵에는 머스터드를 덧바른다.
2. 상추, 토마토, 마요네즈, 반으로 접은 비어싱켄을 순서대로 올리고 나머지 빵으로 덮는다.

비어싱켄(Bier Schinken)_쇠고기와 돼지고기로 만든 독일의 소시지. 맥주와 잘 어울린다.

파니노 / Italia

panino

식문화 배경과 유래

파니노란 이탈리아어로 샌드위치를 말한다. 파니노의 원래 의미는 '작은 빵'이란 뜻으로, 1인용으로 만든 작은 빵을 가리킨다. 우리나라에서는 '파니니'라고 부르기도 하는데, 파니노는 단수형, 파니니는 복수형이다. 이탈리아에서도 샌드위치는 점심 메뉴로 친숙하다. 근대화와 더불어 점심시간이면 집에 돌아가 여유롭게 식사를 하던 생활에서, 1970년대 이후에는 도시의 직장가를 중심으로 주변 바에서 선 채로 파니노 등을 먹는 모습으로 바뀌었다. 파니노에는 포카치오, 치아바타 등 이탈리아 빵을 사용하며, 속재료는 살라미 등의 육가공품과 포르마지(formaggi, 치즈) 등의 전통적인 재료를 심플하게 조합하는 경우가 많다. 또한 올리브유도 많이 사용한다. 화이트 브레드에 속재료를 넣고 기계로 누른 핫 샌드위치도 파니노라고 하는데, 이것은 이탈리아보다는 파리와 뉴욕에서 전해진 스타일이다.

basic sandwich
프로슈토 & 루콜라 파니노

이탈리아빵과 전통적인 재료로 만드는 파니노는 재료의 선택이 중요하다.
프로슈토와 파르메산 치즈의 깊고 진한 풍미, 루콜라의 청량감, 토마토의 응축된 단맛,
EXV 올리브유의 신선한 향. 심플하지만 재료의 개성이 빛을 발하는 환상적인 조합이다.

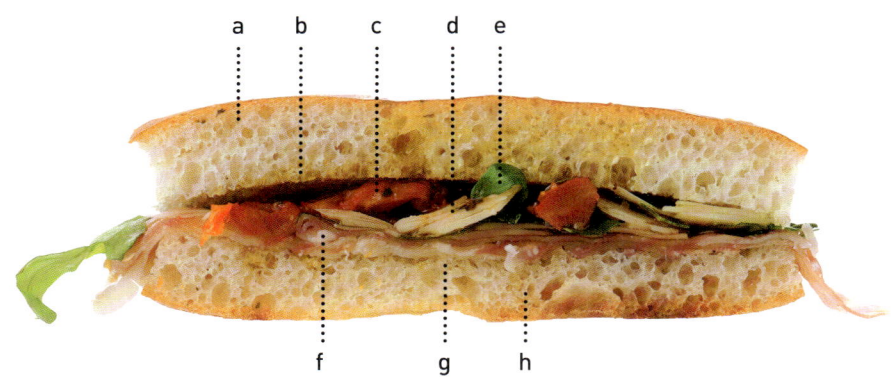

기본 조합	
빵	포카치오(또는 치아바타)
속재료	프로슈토, 파르메산 치즈, EXV 올리브유
규칙	B-1

a. 포카치오

b. EXV 올리브유

c. 세미드라이 토마토

d. 파르메산 치즈

e. 루콜라

f. 프로슈토

g. EXV 올리브유

h. 포카치오

panino 🇮🇹

재료 1개 분량
포카치오(10×10cm) …… 1개
EXV 올리브유 …… 10g
프로슈토(얇게 썬 것) …… 2장
루콜라 …… 5g
세미드라이 토마토 …… 7g
파르메산 치즈 …… 3g

만드는 방법
1. 포카치오는 위아래로 2등분한 다음 자른 면에 EXV 올리브유를 바른다.
2. 프로슈토를 넣고 EXV 올리브유를 조금 뿌린 다음, 루콜라와 작게 자른 세미드라이 토마토를 올린다. 마무리로 필러로 잘게 간 파르메산 치즈를 뿌린다.

＊
프로슈토에 EXV 올리브유 대신 트러플 오일(송로버섯 오일)을 뿌리면 특유의 향이 퍼지면서 고급스러운 맛이 난다.

POINT
- 치아바타나 포카치오는 베어먹기 쉬워서 샌드위치를 만들기에 적당하다.
- 치아바타 샌드위치는 이탈리아뿐 아니라 프랑스를 비롯하여 유럽과 미국에서도 인기가 높다. 딱딱한 바게트보다 먹기 편해서 샌드위치용 빵으로 각국에서 널리 사용된다.
- 이탈리아의 전통적인 재료인 생햄, 살라미, 치즈, 루콜라 등 재료의 맛을 그대로 느낄 수 있기 때문에 재료의 선택이 무엇보다 중요하다.

재료의 풍미를 살려주는 올리브유는 향이 좋은 제품을 선택한다.

카프레제풍 샐러드 파니노

카프레제는 토마토와 바질, 모짜렐라 치즈를 이용해서 만드는 이탈리아의 샐러드로
매우 심플하지만 질리지 않는 맛이다.
토마토와 모짜렐라 치즈에 충분히 밑간을 하는 것이 포인트.
취향에 따라 프로슈토나 안초비 등을 첨가해도 좋다.

재료　1개 분량
치아바타(80g) …… 1개
EXV 올리브유 …… 10g
토마토(얇게 썬 것) …… 25g
모짜렐라 치즈 …… 25g
바질 잎 …… 3~5장
바질 페이스트 …… 3g
소금, 흰 후추 …… 적당량

만드는 방법
1. 치아바타는 가로로 칼집을 내고, 자른 면에 EXV 올리브유를 바른다. 위쪽 빵은 자른 면에 바질 페이스트를 덧바른다.
2. 토마토와 모짜렐라 치즈에 소금, 흰 후추, EXV 올리브유(분량 외)를 뿌려서 밑간을 한다.
3. 1의 치아바타에 토마토, 모짜렐라 치즈, 바질을 번갈아 올리고 소금을 살짝 뿌린다.

panino

arrange

콰트로 포르마지 & 살라미 파니노

콰트로 포르마지는 피자에 많이 넣는 4가지 치즈로, 여기에 살라미를 더하였다. 달콤한 꿀을 곁들이면 맛이 더 좋아진다. 치즈의 종류는 취향에 따라 바꿔도 좋다.

재료 1개 분량
치아바타(80g) …… 1개
밀라노 살라미(얇게 썬 것) …… 2장
고르곤졸라, 탈레지오, 파르메산, 모짜렐라 치즈
　(작게 잘라서 섞은 것) …… 50g
꿀 …… 1~2작은술

만드는 방법
1. 치아바타는 가로로 칼집을 내서 살라미를 끼워 넣은 다음, 치즈를 전체에 올린다.
2. 치즈 위에 꿀을 뿌리고 다니니 그릴로 압착하여 굽는다.

탈레지오(Taleggio)_우유를 숙성시켜서 만든 프레시 치즈

모르타델라 파니노 *arrange*

이탈리아의 대표적인 소시지, 모르타델라는 돼지고기의 자연스러운 감칠맛이 느껴지는 부드러운 소시지이다. 재료의 개성을 살려서 심플하게 즐겨보자.

재료 1개 분량
포카치오(60g) …… 1개
EXV 올리브유 …… 7g
모르타델라 소시지(p.90 참조) …… 2장
루콜라 …… 3g
아티초크 오일절임 …… 5g

만드는 방법
1. 포카치오는 가로로 2등분하고 자른 면에 EXV 올리브유를 바른다.
2. 모르타델라 소시지, 루콜라, 아티초크 오일절임을 순서대로 넣는다.

Column

이탈리아의 식빵 샌드위치 tramezzino

이탈리아에도 우리나라처럼 식빵으로 만든 샌드위치가 있다. 1925년 토리노에 있는 '카페 무라사노'에서 처음 만들었다고 하며, 지금은 이탈리아의 찻집인 바르의 간판메뉴가 되었다. 달걀, 참치, 샐러드, 햄 등 우리나라의 샌드위치와 비슷한 조합이 많은데, 얇게 썬 빵으로 만든 샌드위치를 트라메지노라고 부르며, 작은 빵으로 만든 파니노와 구별한다. 트라메지노는 원래 삼각형이라는 의미이지만 사각형으로 자른 것도 트라메지노라고 한다.

스모러브로드 / Nordic Countries

Smørrebrød

식문화 배경과 유래

스모러브로드(이 책에서는 영어식 발음으로 '스모러브로드'라고 한다)는 덴마크어로 버터를 의미하는 'Smør'와, 빵을 의미하는 'brød'의 합성어이다. '버터를 바른 빵 위에 속 재료를 올린 것'이라는 의미로 북유럽 국가에서 널리 사랑받는 전통적인 오픈 샌드위치이다. 호밀빵과 그 지역에서 나는 재료가 절묘하게 조화를 이루어 맛이 좋다. 특히 북유럽답게 해산물이 들어가는 조합이 많다. 호텔과 카페뿐만 아니라, 학교나 회사식당, 가정에서도 인기 있는 점심 메뉴이다. 기본적으로 생선요리, 고기요리, 치즈를 순서대로 먹으며 나이프와 포크를 사용한다.

basic sandwich
훈제연어 스모러브로드

매우 얇게 자른 빵에 속재료를 듬뿍 올린 맛있는 샌드위치.
빵에 비해 압도적으로 많은 양의 속재료를 올리는 것이 특징이다.
훈제연어와 호밀빵의 찰떡궁합을 느낄 수 있는, 간단하지만 인상적인 조합.

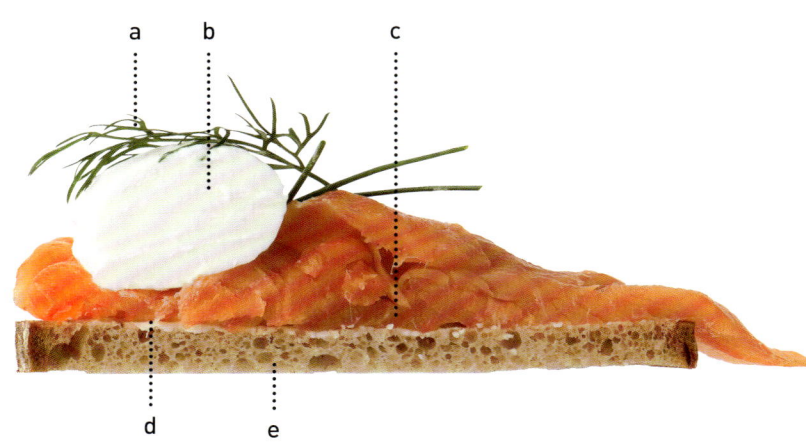

기본 조합	
빵	호밀빵
속재료	버터, 훈제연어, 딜, 사워크림
규칙	B-1

a. 딜
b. 사워크림
c. 훈제연어
d. 버터
e. 호밀빵

Smørrebrød

재료 1개 분량
호밀빵(5㎜) …… 1장
버터(무염) …… 5g
훈제연어 …… 40g
사워크림 …… 8g
딜 …… 적당량
차이브 …… 적당량
레몬(반달썰기) …… 1/12개
소금, 흰 후추 …… 적당량

만드는 방법
1. 호밀빵에 버터를 바르고 훈제연어가 균형을 이루도록 보기 좋게 올린다.
2. 사워크림을 올리고 소금과 흰 후추를 전체적으로 살짝 뿌린 다음, 딜, 차이브, 레몬을 곁들인다.

POINT
- 얇게 자른 호밀빵이 속재료에 적당히 신맛과 풍부한 향을 더해주고, 듬뿍 바른 버터가 속재료와 빵을 자연스럽게 연결시킨다. 빵은 재료를 맛있게 먹기 위한 그릇의 역할을 한다.
- 북유럽 지역의 특산물인 해산물, 유제품 등을 빵이 보이지 않을 정도로 듬뿍 올린다.

생선에 잘 어울리는 허브로 알려진 딜(왼쪽)과 골파의 일종인 차이브(오른쪽). 묶음으로 파는 경우가 많고 일상적으로 많이 쓰는 재료이다.

새우 & 삶은 달걀 스모러브로드

새우 스모러브로드는 연어나 청어 초절임 등과 함께 많이 먹는 정통 메뉴 중 하나이다.
북유럽에서는 작은 새우를 듬뿍 올려서 먹는다.
새우와 삶은 달걀, 마요네즈로 이루어진 전형적인 조합에 사워크림의 신맛과 허브향으로 산뜻함을 더했다.

재료 1개 분량
호밀빵(5mm) …… 1장
버터(무염) …… 4g
상추 …… 2g
새우(데쳐서 껍질 벗긴 것) …… 40g
사워마요네즈크림 …… 4g
삶은 달걀 …… 1/2개
딜 …… 적당량
차이브 …… 적당량
레몬즙 …… 적당량
소금, 흰 후추 …… 적당량

만드는 방법
1. 호밀빵에 버터를 바르고 상추, 얇게 썬 삶은 달걀, 새우를 균형 있게 올린다. 새우에 레몬즙을 살짝 뿌린다.
2. 사워마요네즈크림을 얹고 소금과 흰 후추를 살짝 뿌린 다음, 딜과 차이브를 얹는다.

사워마요네즈크림_사워크림과 마요네즈를 1:1 비율로 섞는다.

arrange

arrange   Smørrebrød

로스트비프 스모러브로드

고기요리의 단골메뉴인 로스트비프. 호밀빵의 적당히 신맛이 쇠고기의 감칠맛과 어우러져 깊은 맛을 낸다. 크레송과 홀스래디시 크림이 포인트가 된다.

재료 1개 분량
호밀빵(5mm) …… 1장
버터(무염) …… 4g
크레송 …… 2g
로스트비프 …… 40g
그레이비 소스 …… 1작은술
홀스래디시 크림(p.31 참조) …… 5g
방울토마토(2등분 또는 4등분) …… 1개
양파튀김 …… 2g
소금, 흰 후추 …… 적당량

만드는 방법
1. 호밀빵에 버터를 바르고 로스트비프를 균형 있게 올린 다음, 그레이비 소스와 홀스래디시 크림을 얹는다.
2. 소금과 흰 후추를 전체적으로 살짝 뿌리고, 방울토마토, 크레송, 양파튀김을 올린다.

마리보 스모러브로드

덴마크산 마리보 치즈는 부드러운 맛이 난다. 오렌지 마멀레이드로 새콤달콤한 맛을 더하면 디저트로 즐길 수 있다.

재료 1개 분량
호밀빵(5mm) …… 1장
버터(무염) …… 4g
오렌지 마멀레이드 …… 8g
마리보 치즈(얇게 썬 것) …… 1장
오렌지 과육 …… 3조각
민트 …… 적당량
오렌지 껍질(흰부분을 제거하고 곱게 채 썬다) …… 적당량

만드는 방법
1. 호밀빵에 버터를 바르고 오렌지 마멀레이드(분량의 1/2 정도)를 바른다.
2. 마리보 치즈, 오렌지 과육, 그리고 남은 오렌지 마멀레이드를 보기 좋게 올리고 민트와 오렌지 껍질을 뿌린다.

팔라펠 / Middle East

식문화 배경과 유래

팔라펠(영어로는 Falafel, 아랍어로는 فلافل)은 병아리콩 또는 누에콩을 코리앤더, 셀러리, 양파 등과 함께 페이스트 상태로 만든 다음 작고 동그랗게 뭉쳐서 튀긴 크로켓이다. 이집트부터 이란에 걸쳐, 중동의 많은 지역에서 친숙한 음식으로 샌드위치 재료로도 많이 쓴다. 피타(Pitta), 또는 쿠브즈(Khubz)라고 부르는 납작한 빵에 팔라펠과 양상추, 토마토, 오이절임, 참깨를 갈아서 만든 타히니 소스 등을 넣은 샌드위치는 중동 각지역에서 가벼운 식사로 판매되고 있다. 이런 서민적인 샌드위치가 유럽과 미국 각지에 전파되면서 일반화되었고, 파리와 뉴욕에서는 전문점이 많이 생길 정도로 인기가 높다.

basic sandwich
팔 라 펠

커민 향이 나는 팔라펠, 채소절임과 요구르트의 새콤한 맛, 병아리콩과 참깨의 자연스러운 단맛.
이국적인 맛으로 채소 고유의 맛을 살린 색다른 샌드위치.

기본 조합	
빵	피타
속재료	팔라펠, 샐러드 종류, 타히니 소스
규칙	B-1

a. 피타
b. 타히니 소스
c. 팔라펠
d. 가지
e. 오이절임
f. 적양배추 피클
g. 상추, 써니양상추

재료 1개 분량
피타 …… 1/2개
상추, 써니양상추 …… 10g
팔라펠 …… 3개
가지(얇게 썰어서 튀긴 것) …… 15g
오이절임 …… 15g
적양배추 피클 …… 12g
양배추(채썰기) …… 10g
요구르트타히니 소스 …… 30g

만드는 방법
피타빵을 주머니 모양으로 벌리고 그 안에 상추, 써니양상추, 적양배추 피클, 오이절임, 가지, 팔라펠을 순서대로 넣은 다음, 요구르트타히니 소스를 뿌린다.

팔라펠(18개 분량)_말린 병아리콩 200g을 물에 푹 잠기도록 담가서 불린 다음 체에 밭쳐 물기를 빼고, 푸드 프로세서로 갈아서 페이스트 상태로 만든다. 다진 양파(중간 것) 1/2개, 다진 마늘 2쪽 분량, 커민 파우더 1작은술, 코리앤더 파우더 1/2작은술, 소금 1작은술, 흰 후추 조금, 다진 이탈리안 파슬리 2큰술을 병아리콩 간 것과 함께 섞는다. 한입 크기로 둥글게 뭉쳐서 기름에 튀긴다.

오이절임_오이는 세로 2등분하여 씨를 빼고 5㎜ 두께로 어슷썰기한다. 소금과 화이트와인 비네거를 뿌려서 15분 정도 살짝 절인다.

요구르트타히니 소스_플레인 요구르트 60g, 타히니 소스 30g, 레몬즙 2작은술을 섞은 다음 커민 파우더, 코리앤더 파우더, 마늘가루, 흰 후추를 취향에 따라 넣고 소금으로 간을 맞춘다.

POINT
- 피타는 속재료를 담아 먹기 위한 주머니 역할이므로 속재료를 듬뿍 넣는다. 속이 빈 주머니 모양의 피타는 보통 샌드위치보다 속재료를 더 많이 넣을 수 있기 때문에 든든한 한 끼 식사가 된다.
- 차갑게 식힌 샐러드와 바로 튀겨낸 팔라펠을 넣고 샌드위치를 만들어서 바로 먹는 것이 좋다.

팔라펠은 병아리콩으로 만든 허브 향 나는 크로켓이다.

arrange

채소튀김 피타 샌드

튀김옷을 입혀서 바삭하게 튀긴 채소튀김은 팔라펠보다 만들기 쉽고 부담 없는 맛이다.
콜리플라워, 가지, 주키니 외에 옥수수나 호박, 오크라, 파프리카 등을 넣어도 좋다.

재료　1개 분량
피타 …… 1/2장
상추, 써니양상추 …… 10g
오이절임(p.123 참조) …… 10g
적양배추 피클 …… 10g
채소튀김 …… 60g
요구르트타히니 소스(p.123 참조) …… 10g
칠리 소스 …… 적당량

만드는 방법
1. 피타빵은 주머니 모양으로 벌려서 그 안에 상추, 써니양상추, 적양배추 피클, 오이절임, 채소튀김을 순서대로 넣는다.
2. 요구르트타히니 소스를 뿌리고, 취향에 따라 칠리 소스도 뿌린다.

채소튀김_달걀 2개, 박력분 2큰술, 물 4큰술, 다진 이탈리안파슬리 1작은술, 소금, 커민 파우더, 흰 후추 조금씩을 섞어서 튀김옷을 만든다. 콜리플라워 1/2개는 작게 자르고, 주키니 1개, 가지 1개는 한입 크기로 썬 다음 튀김옷을 입혀서 튀긴다.

arrange

케밥풍 불고기 샐러드 피타

팔라펠과 함께 피타 샌드위치로 인기 있는 되네르 케밥의 맛을 불고기에 응용하였다.
채소를 듬뿍 넣고 심플하게 만든다.

فلافل

재료 1개 분량
피타 …… 1/2장
상추, 써니양상추 …… 10g
오이절임(p.123 참조) …… 10g
적양배추 피클 …… 10g
케밥풍 불고기 …… 50g
요구르트타히니 소스(p.123 참조) …… 30g
칠리 소스 …… 적당량

만드는 방법
1. 피타빵은 주머니 모양으로 벌려서 그 안에 상추, 써니양상추, 적양배추 피클, 오이절임, 케밥풍 불고기를 순서대로 넣는다.
2. 요구르트타히니 소스를 뿌리고. 취향에 따라 칠리 소스도 뿌린다.

케밥풍 불고기_양파 간 것 1/4개 분량, 다진 마늘 1쪽 분량, 요구르트 2큰술, 토마토 페이스트 1큰술, 소금 1작은술, 커민 파우더 1작은술, 코리앤더 파우더 1/2작은술, 그리고 흰 후추와 고춧가루 조금을 비닐팩에 넣고 잘 섞는다. 얇게 썬 쇠고기 200g을 넣고 잘 버무려서 3시간~하룻밤 정도 재운 다음 프라이팬에 굽는다.

COLUMN

터키 샌드위치 Balik Ekmek

터키요리는 세계 3대 요리의 하나로 꼽힌다. 예로부터 터키는 동서 교류의 중심으로 세계 여러 나라의 재료와 향신료가 합쳐진 식문화가 형성되었는데, 이슬람 문화권이어서 돼지고기는 거의 사용하지 않고, 양고기를 주로 사용한다. 바다에 접해 있는 이스탄불에서는 생선 요리도 많이 먹는데, 신시가지와 구시가지를 연결하는 갈라타 다리 근처 노점에서 판매하는 '발릭 에크멕'이라는 고등어 샌드위치가 특히 유명하다. 우리나라에서는 고등어 케밥으로 많이 알려져 있으며, '발릭(Balik)'은 생선, '에크멕(Ekmek)'은 빵을 의미한다.

재료 1개 분량
소프트 타입의 프랑스 빵(100g) …… 1개
버터(무염) …… 4g
고등어 …… 1토막
적양배추(얇게 썬 것) …… 15g
레몬(반달모양으로 썬 것) …… 2장
양상추 …… 15g
소금, 흰 후추 …… 적당량

만드는 방법
1. 고등어는 뼈를 발라내고 2등분한다. 소금과 흰 후추를 살짝 뿌리고 프라이팬 또는 그릴에 굽는다.
2. 프랑스빵은 가로로 칼집을 내고 자른 면에 버터를 바른 다음, 양상추, 1의 고등어, 얇게 썬 양파를 순서대로 끼워 넣는다.

BÁNH MÌ

반미 / Vietnam 🇻🇳

식문화 배경과 유래

베트남은 약 100년 동안 프랑스의 식민지였다. 프랑스인이 들여와 정착시킨 것 중에는 프랑스빵, 커피, 프림 등이 있으며, 그 시기에 빵 문화도 발전하였다. 하지만 요리 부분에서는 오히려 1000년 동안 베트남을 통치한 중국의 영향을 많이 받았다. 볶음요리와 면제조 등의 조리기술을 도입하면서 향신료와 채소, 피시소스를 조합한 독자적인 식문화를 발전시키는 등 유연성을 보여준다. 프랑스빵으로 만든 샌드위치도 서민들의 식문화가 형성되는 길거리 노점을 중심으로 자연스럽게 만들어지고 정착했다.

'반미'란 베트남어로 빵을 통틀어 이르는 말이지만, 일반적으로는 프랑스빵을 가리킨다. 반미(bánh mi)에 고기(thit)를 넣은 샌드위치를 '반미 팃'이라 하고, 줄여서 반미라고 부른다. 리버 페이스트와 베트남햄, 그리고 채소를 식초에 절인 나마스를 조합하는 경우가 많으며. 베트남의 일상적인 음식을 밥 위에 올려놓는다는 느낌으로 만들기 때문에 다양한 응용이 가능하다.

basic sandwich
반미 팃

프랑스의 바게트 샌드위치와 다른 점은 빵의 식감이다.
베트남 특유의 부드러운 바게트풍 빵을 사용하기 때문에 속재료를 듬뿍 넣어도 베어먹기 편하다.
채소와 허브를 많이 사용하는 것은 베트남 요리의 특징이기도 하다.
단맛, 짠맛, 신맛과 허브의 청량감, 그리고 빵의 향이 만나서 만들어 내는 복잡한 맛이 매력적이다.

기본 조합	
빵	소프트 타입의 프랑스빵
속재료	베트남 햄, 리버 페이스트, 나마스, 허브 누오크 맘, 버터
규칙	B-1

a. 소프트 타입의 프랑스빵
b. 리버 페이스트
c. 나마스, 누오크 맘 소스
d. 코리앤더
e. 민트
f. 골파
g. 나마스, 누오크 맘 소스
h. 로스햄
i. 써니양상추, 상추
j. 버터

BÁNH MÌ

재료 1개 분량
소프트 타입의 프랑스빵(100g) …… 1개
버터(무염) …… 4g
리버 페이스트 …… 15g
써니양상추 …… 3g
상추 …… 3g
로스햄(2등분) …… 1장
나마스 …… 30g
누오크 맘 소스 …… 5g
골파(2㎝ 폭으로 자른 것) …… 1/2줄기
코리앤더 …… 적당량
민트 …… 적당량

만드는 방법
1. 프랑스빵은 가로로 칼집을 내고 아래쪽 자른 면에 버터, 위쪽 자른 면에 리버 페이스트를 바른다.
2. 써니양상추, 상추, 로스햄, 나마스를 끼워 넣고 누오크 맘을 뿌린 다음, 골파, 고수, 민트를 올린다.

나마스_소금을 넣고 주물러서 물기를 뺀 무와 당근을 식초2 : 설탕2 : 물1의 비율로 섞어서 만든 단촛물에 넣고 절인다.

누오크 맘 소스_누오크 맘(베트남의 피시소스), 레몬즙, 설탕, 스위트칠리소스, 물을 1큰술씩 넣고 섞는다.

POINT
- 베트남의 프랑스빵은 쌀가루를 넣기도 하며, 쫀득하고 베어먹기 쉽다. 식감이 부드럽기 때문에 속재료를 듬뿍 넣어도 먹기 편하다. 이 책에서는 이 빵을 '소프트 타입의 프랑스빵'이라고 하였다.
- 베트남 조미료(누오크 맘)와 허브(코리앤더, 민트, 골파)가 특별한 맛을 낸다. 취향에 따라 허브를 듬뿍 넣어도 좋다.

베트남의 프랑스빵은 식감이 부드러워서 먹기 편하다.

다양한 종류의 허브를 듬뿍 넣는 것이 좋다.

arrange

누오크 맘 닭튀김 & 스위트칠리 샐러드 반미

스위트칠리 소스도 베트남의 맛을 느낄 수 있는 조미료이다. 특유의 새콤달콤하면서도 매콤한 맛이 빵과 잘 어울린다. 누오크 맘을 더하면 새로운 맛을 즐길 수 있다.

재료 1개 분량
소프트 타입의 프랑스빵(100g) …… 1개
버터(무염) …… 6g
상추 …… 4g
써니양상추 …… 4g
콩나물 & 파 스위트칠리 샐러드 …… 30g
누오크 맘 닭튀김 …… 60g
누오크 맘 소스(p.129 참조) …… 3g
코리앤더 …… 적당량

만드는 방법
1. 프랑스빵은 가로로 칼집을 내고 자른 면에 버터를 바른다.
2. 상추, 써니양상추, 콩나물 & 파 스위트칠리 샐러드, 누오크 맘 닭튀김을 순서대로 넣고 누오크 맘 소스를 뿌린 다음, 코리앤더 잎을 올린다.

콩나물 & 파 스위트칠리 샐러드_콩나물 1봉지와 채 썬 당근 1/2개 분량을 소금물에 살짝 데친 다음, 3㎝ 길이로 썬 파 4뿌리 분량과 스위트칠리 소스 30g을 넣어서 버무린다.

누오크 맘 닭튀김_닭다리살 1장을 한입 크기로 잘라서 누오크 맘 양념(누오크 맘 1큰술, 다진 레몬그라스 1/2큰술, 생강 간 것 10g, 식용유 1큰술을 섞는다)에 버무린 다음, 1~3시간 정도 재운다. 키친타월로 물기를 제거하고 녹말가루를 뿌려서 그대로 튀긴다.

arrange

BÁNH MÌ

베트남풍 불고기 반미

누오크 맘, 레몬그라스, 생강 향이 나는 불고기가 빵에 잘 어울리는, 샐러드풍 불고기 샌드위치.
코리앤더와 민트, 붉은양파의 향이 섞여서 복잡한 맛이 나지만 뒷맛은 깔끔하다.

재료 1개 분량
소프트 타입의 프랑스빵(100g) …… 1개
버터(무염) …… 6g
상추 …… 5g
써니양상추 …… 5g
베트남풍 불고기 …… 40g
붉은양파(얇게 썬 것) …… 6g
누오크 맘 소스(p.129 참조) …… 3g
코리앤더, 민트 …… 적당량

만드는 방법
1. 프랑스빵은 가로로 칼집을 내고, 자른 면에 버터를 바른다.
2. 상추, 써니양상추, 베트남풍 불고기를 넣고 누오크 맘 소스를 뿌린다. 붉은양파와, 민트, 코리앤더를 올린다.

베트남풍 불고기_쇠고기 300g을 누오크 맘 1큰술, 다진 레몬그라스 1/2큰술, 생강 간 것 10g, 식용유 1큰술을 섞은 양념장에 1~3시간 정도 재운 다음 프라이팬에 굽는다.

かつサンド

돈가스 샌드위치 / Japan

식문화 배경과 유래

'돈가스'는 프랑스의 코틀레트(côtelette)에서 유래되었다. 송아지 또는 양의 갈비살에 소금과 후추로 밑간을 하고, 밀가루, 달걀노른자, 빵가루로 옷을 입혀서 버터를 녹인 프라이팬에 양면이 노릇노릇해질 때까지 구운 것으로, 영어로는 '커틀릿'이라고 한다. 일본에서는 메이지시대 초기에 얇게 저민 쇠고기나 닭고기에 빵가루를 묻혀서 튀긴 요리가 만들어졌고, 돼지고기가 보급되기 시작한 1895년에 도쿄 긴자의 유명한 양식당인 랜카데이에서 '포크 커틀릿'을 처음 내놓아 인기를 얻었다. 그 후 1929년에 폰치켄이라는 레스토랑에서 처음으로 '돈가스'가 만들어졌고, 일본의 양식 3대 메뉴(카레라이스, 크로켓, 돈가스) 중 하나로 빠르게 퍼져나갔다. 포크 커틀릿과 돈가스의 차이는 두께이다. 두껍게 썬 고기를 덴푸라(어묵)와 마찬가지 방법으로 기름에 튀겨낸 것이다. 또한 커틀릿은 나이프와 포크로 잘라서 먹고, 돈가스는 젓가락으로 먹을 수 있도록 미리 잘라놓은 점도 다르다. 바삭바삭한 일본식 빵가루와 우스터소스의 발전도 돈가스 보급에 공헌하였다. 가쓰돈(돈가스 덮밥), 가쓰카레(돈가스 카레) 등 돈가스의 인기가 높아지면서 여러 가지 메뉴가 탄생했지만, 그 중에서도 돈가스로 만든 샌드위치인 '돈가스 샌드위치'는 각각의 문화가 합쳐진 특별한 존재이다.

basic sandwich
돈가스 샌드위치

돈가스 샌드위치의 맛의 포인트는 소스가 스며든 튀김옷과 빵의 어우러짐에 있다.
소스는 조금 달콤해야 빵과 잘 어울린다. 입맛에 맞는 소스를 만들어서 참깨를 듬뿍 갈아 넣으면 향도 좋아진다.
양배추를 넣을 경우에는 빵을 살짝 굽는다.

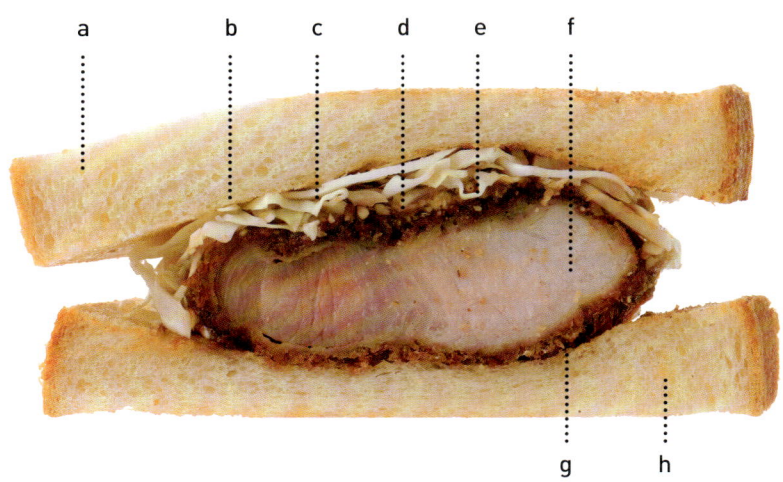

기본 조합	
빵	사각식빵
속재료	돈가스, 소스, 버터
규칙	C

a. 사각식빵
b. 버터
c. 양배추
d. 돈가스 소스
e. 참깨
f. 등심돈가스
g. 버터
h. 사각식빵

かつサンド

재료 1개 분량
사각식빵(20mm) …… 2장
버터(무염) …… 6g
등심 돈가스 …… 1장(120g)
돈가스 소스 …… 20g
참깨(간 것) …… 5g
양배추(채 썬 것) …… 20g

만드는 방법
1. 사각식빵은 살짝 구워서 버터를 바른다.
2. 1에 돈가스를 올리고, 돈가스 소스와 참깨 간 것을 뿌린다. 채 썬 양배추를 올리고 나머지 빵으로 덮는다.
3. 식빵 가장자리는 2변만 자르고 3등분한다.

등심 돈가스_돼지고기 등심은 힘줄을 제거하고, 연육기 등으로 두드려서 부드럽게 만든다. 소금, 흰 후추로 밑간을 하고 상온에서 30분 정도 둔다. 튀김반죽(밀가루 100g, 달걀 1개, 우유 70g)과 빵가루로 옷을 입혀서 180℃ 기름에 노릇하게 튀겨낸다.

돈가스 소스_중농 소스(Bull-Dog제품) 80g, 우스터소스 20g, 토마토케첩 20g, 꿀 10g을 섞는다.

POINT
- 돈가스 두께에 따라 빵 두께도 달라진다. 이 레시피에서는 두께 20mm 식빵을 사용하였다.
- 돈가스에 소스를 듬뿍 뿌린다. 튀김옷에 소스가 스며들어서 빵과 잘 어우러져야 맛있다. 고기의 두께, 밑간 정도에 따라 필요한 소스의 양은 달라진다. 돈가스의 한쪽면에만 소스를 묻히는 경우가 많은데 양쪽면에 소스를 듬뿍 묻혀도 좋다.
- 돈가스 자체의 질도 물론 중요하지만 소스 맛이 포인트이다. 시판 소스를 섞어서 입맛에 맞는 소스를 직접 만들어도 좋다.

튀긴 돈가스를 소스에 담갔다가 빵에 올려도 좋다.

arrange

히레가스 샌드

부드러운 히레(안심)가스에는 촉촉하고 부드러운 빵과 단맛이 조금 나는 소스가 잘 어울린다. 돈가스와 소스, 빵만으로 심플하게 만들고, 취향에 따라 매운맛을 첨가해도 좋다.

재료 1개 분량
사각식빵(20mm) …… 2장
버터(무염) …… 6g
히레가스 …… 1장(120g)
돈가스 소스(p.135 참조) …… 20g
겨자 …… 적당량(여기서는 3g)

만드는 방법
1. 사각식빵은 한쪽면에 버터를 바른다.
2. 빵에 히레가스를 올리고 돈가스 소스를 뿌린다.
3. 다른 1장의 빵에는 취향에 따라 겨자를 덧바른 다음 2와 합친다. 가장자리를 자르고 3등분한다.

히레가스_돼지고기 안심 1조각을 2등분해서 등심 돈가스(p.135 참조)와 같은 방법으로 만든다.

비프가스 샌드

arrange

돈가스뿐 아니라 비프가스도 많이 먹는데, 두툼하게 썬 스테이크 고기로 만든 비프가스는 완전히 익히지 않고 핑크빛을 띨 정도로만 익힌다. 레드와인 향이 나는 데미그라스 소스를 넣어서 고급스러운 맛을 즐겨보자.

재료 1개 분량
사각식빵(20mm) …… 2장
버터(무염) …… 6g
비프가스 …… 1장(100g)
데미그라스 소스 …… 20g
겨자 …… 4g

만드는 방법
1. 사각식빵은 살짝 굽고, 자른 면에 버터를 바른다.
2. 빵에 비프가스를 올리고 데미그라스 소스를 뿌린다.
3. 나머지 1장의 식빵에는 겨자를 덧바르고 합친다. 식빵 가장자리는 2변만 자르고 3등분한다.

비프가스_쇠고기 안심(스테이크용)은 돈가스와 같은 방법으로 준비하고, 튀기는 방법만 달라진다. 200℃ 정도의 기름에 전체가 노릇노릇해지도록 타이머로 1분~1분 30초를 재서 튀긴다. 5분 정도 그대로 두었다가 빵에 끼운다. 고온에서 단시간에 튀긴 다음, 남은 열로 마무리하는 것이 포인트.

데미그라스 소스_냄비에 레드와인 50㎖를 넣고 끓여서 알코올 성분을 날려보낸 다음, 시판 데미그라스 소스 1캔(290g), 발사믹 식초 1큰술, 꿀 1큰술, 토마토케첩 3큰술을 넣고 살짝 끓여서 소금과 흰 후추로 간을 맞춘다.

arrange

かつサンド

닭튀김 캉파뉴 샌드

닭고기는 튀김옷을 입히지 않고 튀기는 편이 좋다. 듬뿍 올린 타르타르 소스와 양배추가 잘 어울린다. 부드러운 캉파뉴로 만든 샌드위치는 푸짐하면서도 먹기 편하다.

재료 1개 분량
캉파뉴(소프트 타입 / 3㎝) …… 1장
버터(무염) …… 6g
상추 …… 6g
양배추(채썰기) …… 20g
닭튀김 …… 60g
타르타르 소스 …… 20g

만드는 방법
1. 캉파뉴는 양쪽의 두께가 각각 1.5㎝가 되도록 V자로 칼집을 내고, 안쪽에 버터를 바른다.
2. 1에 상추와 양배추를 끼워 넣고 양배추 위에 닭튀김을 올린 다음 타르타르 소스를 뿌린다.

닭튀김_닭다리살 1장은 한입크기로 썰어서 간장 1큰술, 청주 1큰술, 다진 마늘 1조각 분량, 생강 간 것 1작은술, 참기름, 소금, 흰 후추로 밑간을 해서 재운다. 녹말가루를 살짝 뿌리고 180℃ 기름에 튀긴다.

타르타르 소스_삶은 달걀 굵게 다진 것 1개 분량, 코르니숑 다진 것 10g, 파슬리 다진 것 1큰술, 마요네즈 60g, 레몬즙 5g을 잘 섞고, 소금과 흰 후추로 간을 맞춘다.

コッペパンサンド

곳페빵 샌드위치 / Japan

식문화 배경과 유래

곳페빵은 일본에서 만들어진 것으로, 1935년 무렵 식빵 반죽을 이용한 1인용 급식빵으로 만들어졌다. 곳페는 프랑스의 쿠페(칼집을 한 번 넣은 작은 빵)에서 유래된 이름이다. 전쟁 후 전국적으로 학교 급식을 시작하면서 보급되어 달걀 샐러드, 감자 샐러드 등 마요네즈로 맛을 낸 샐러드와 크로켓 등의 튀김을 넣어 샌드위치를 만들었다. 그 중에는 야키소바, 나폴리탄, 마카로니 같은 면류를 넣어서 '탄수화물×탄수화물'의 독특한 조합으로 만든 샌드위치도 있는데, 저렴한 가격으로 든든하게 배를 채울 수 있어서 대중적인 메뉴가 되었다. 새로운 발상과 맛을 경험할 수 있는 일본식 샌드위치이다.

basic sandwich
야키소바 빵

コッペパンサンド

은은한 단맛이 있는 부드러운 빵에 소스맛이 진한 야키소바가 잘 어울린다.
친숙한 맛으로 맛과 양 모든 면에서 만족도가 높아 인기 있는 빵.
분홍생강절임은 맛에 포인트를 주는 중요한 역할을 한다.

a. 가쓰오부시
b. 분홍생강절임
c. 파래김 가루
d. 야키소바
e. 버터
f. 곳페빵

기본 조합	
빵	곳페빵
속재료	야키소바, 분홍생강절임, 버터
규칙	B-1

재료 1개 분량
곳페빵(75g) …… 1개
버터(무염) …… 6g
소스 야키소바 …… 80g
분홍생강절임 …… 5g
가쓰오부시, 파래김 가루 …… 적당량

만드는 방법
1. 곳페빵은 세로로 칼집을 내고 자른 면에 버터를 바른다.
2. 소스 야키소바를 넣고 분홍생강절임과 가쓰오부시, 파래김 가루를 올린다.

소스 야키소바_돼지고기 삼겹살 50g, 듬성듬성 자른 양배추 50g, 납작하게 썬 당근 20g을 볶다가 소금과 흰 후추로 살짝 간을 한다. 면을 넣고 물을 조금 부어서 면을 풀어준 다음 강한 불로 볶는다. 중농 소스, 우스터 소스를 각각 1큰술씩 넣어서 간을 맞춘다.

POINT
- 은은한 단맛의 부드러운 빵에 소스맛이 잘 밴 야키소바를 조합하였다. 분홍생강절임의 개운하고 매콤한 맛이 포인트.
- 친숙한 맛이어서 부담 없이 먹기 좋으며, 적당히 푸짐해서 한 끼 식사로도 손색이 없다.

세로로 칼집을 넣은 곳페빵에 버터를 바를 때는 빵이 갈라지지 않도록 주의한다.

arrange

나폴리탄빵

채소와 소시지를 평소보다 듬뿍 넣고 나폴리탄 스파게티를 만들어 보자. 꿀을 조금 넣어서 은은한 단맛을 내는 것이 포인트.

재료 1개 분량
곳페빵(75g) …… 1개
버터(무염) …… 6g
나폴리탄 …… 80g
파슬리(다진 것) …… 적당량

만드는 방법
1. 곳페빵은 세로로 칼집을 내고 자른 면에 버터를 바른다.
2. 나폴리탄을 넣고 파슬리를 뿌린다.

나폴리탄 스파게티_끓는 물에 스파게티 160g을 넣고 평소보다 오래 삶는다. 올리브유 2큰술을 두른 프라이팬에 둥글게 썬 비엔나 소시지 8개와 빗모양으로 썬 양파 1/2개를 넣고 볶는다. 둥글게 썬 가지 1개와 씨를 제거하고 채 썬 피망 2개를 더 넣고 볶다가, 2등분한 방울 토마토 10개를 넣고 소금과 흰 후추로 가볍게 간을 한 다음, 양념(토마토케첩 100g, 우스터소스 1큰술, 꿀 1큰술)을 넣고 살짝 끓인다. 스파게티 삶은 물 3큰술을 넣고 좀 더 끓이다가 삶은 스파게티 면을 넣고 잘 섞으면서 볶는다.

마카로니 샐러드빵

삶은 닭고기와 달걀, 양파를 넣은 소박한 마카로니 샐러드. 굵게 간 검은 후추가 전체적인 맛을 잡아준다.

arrange

재료 1개 분량
곳페빵(75g) …… 1개
버터(무염) …… 6g
상추 …… 4g
마카로니 샐러드 …… 80g
검은 후추 …… 적당량

만드는 방법
1. 곳페빵은 세로로 칼집을 내고 자른 면에 버터를 바른다.
2. 마카로니 샐러드를 넣고 굵게 간 검은 후추를 뿌린다.

마카로니 샐러드_마카로니 70g은 평소보다 오래 삶아서 부드럽게 만들고, 식기 전에 비네그레트 소스 30㎖를 넣고 버무린다. 얇게 썬 양파 50g은 물에 담가 매운맛을 제거하고 물기를 뺀 다음, 삶은 닭고기(잘게 자른 것) 80g, 마요네즈 15g, 삶은 달걀(잘게 다진 것) 1개, 소스에 버무린 마카로니와 함께 섞어서 소금과 흰 후추로 간을 맞춘다.

arrange

コッペパンサンド

고로케 빵

고로케(크로켓)는 곳페빵 샌드위치에 자주 이용되는 단골 메뉴. '탄수화물×탄수화물'은 아니지만 튀김을 넣은 것도 인기가 많다. 다른 재료를 넣지 않고 감자만으로 만든 고로케를 추천한다.

재료 1개 분량
통밀 미니곳페빵(40g) …… 1개
버터(무염) …… 6g
상추 …… 4g
고로케(80g) …… 1개
돈가스 소스(p.135 참조) …… 12g

만드는 방법
1. 통밀 미니곳펫빵은 세로로 칼집을 내고 자른 면에 버터를 바른다.
2. 상추와 2등분한 고로케를 순서대로 넣고 소스를 뿌린다.

고로케(크로켓)_ 감자는 압력솥에 넣어 찐 다음, 껍질을 벗기고 곱게 으깨어 소금과 흰 후추로 간을 한다. 80g씩 나눠서 둥글게 뭉치고 튀김반죽(p.135 참조)과 빵가루를 묻혀서 180℃ 기름에 튀긴다.

フルーツ・サンドイッチ

과일 샌드위치 / Japan

식문화 배경과 유래

생크림과 과일을 사각식빵에 넣은 디저트 느낌의 샌드위치.
일본에서는 과일 카페의 간판 메뉴로 여성들에게 인기가 많다.
들어가는 속재료가 간단한 만큼 생크림과 과일의 품질이 맛을 좌우한다.
빵집에서 볼법한 달콤한 간식으로 새롭게 만들어 보자.

basic sandwich
과일 샌드위치

쇼트케이크를 좋아하는 사람들에게 알맞은 케이크 느낌의 샌드위치.
심플하기 때문에 생크림의 질, 과일의 숙성 정도, 빵의 촉촉함이 중요하다.

フルーツ・サンドイッチ

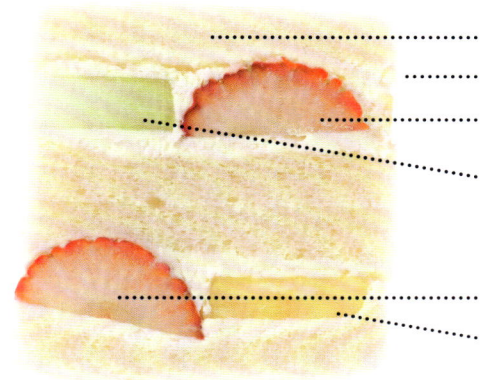

기본 조합	
빵	식빵
속재료	과일, 생크림
규칙	C

a. 사각식빵
b. 생크림
c. 딸기
d. 멜론
e. 딸기
f. 파인애플
g. 사각식빵
h. 키위
i. 딸기
j. 딸기
k. 망고

재료 1개 분량
사각식빵(12mm) …… 2장
생크림(유지방 40% 이상 함유/ 그래뉴당을 10% 넣고 휘핑한 것)
    …… 40g
딸기 …… 2개
파인애플(8mm로 자른 것) …… 1장
키위(8mm로 자른 것) …… 2장
망고(8mm로 자른 것) …… 2장

만드는 방법
1. 사각식빵에 생크림을 분량의 1/2 정도 바르고, 과일을 보기 좋게 올린다.
2. 다른 1장의 식빵에 나머지 생크림을 발라서 1을 덮는다.
3. 가장자리를 잘라내고 적당히 나눈다.

POINT
● 입안에서 살살 녹는 촉촉한 식빵을 사용하는 것이 좋다.
● 생크림은 유지방이 40% 이상 들어 있는 것을 휘핑하여 사용한다. 샌드위치는 30분 정도 냉장 보관해서 생크림이 단단해진 다음에 자르면 잘 잘라진다. 유지방 함량이 낮으면 생크림을 휘핑하기 어렵다.
● 과일은 적당히 잘 익어서 단맛이 나는 것을 사용한다. 잘랐을 때의 모습을 생각해서 과일을 배치한다.

계절별 응용 샌드위치

응용 샌드위치의 조립 방법

정통 샌드위치가 기본이 된다

샌드위치는 원래 자유로운 음식이다. 그렇기 때문에 자신을 위해 새로운 메뉴를 만들고 싶다면 좋아하는 재료를 자유롭게 조합하면 된다.

하지만 다른 사람을 위해서 또는 불특정다수의 손님을 위해서 만든다면 새로운 레시피를 처음부터 개발하는 것보다 정통 샌드위치를 응용하는 방법을 추천하고 싶다. 왜냐하면 p.22~27에서 설명한 것처럼 정통 샌드위치에는 '샌드위치 만들기의 기본'이 응축되어 있기 때문에 정통 샌드위치의 포인트를 잘 살리면 좀 더 쉽게 새로운 샌드위치를 만들 수 있다.

먹는 환경을 고려해서 콘셉트를 조립한다

정통 샌드위치를 응용해서 만들 수 있는 샌드위치는 무제한으로 많지만 그렇게 많은 메뉴는 필요하지 않다. 먹는 환경에 맞게 필요한 만큼만 있으면 된다.

그래서 먹는 환경이 중요하다. 먹는 환경은 5W1H에 맞춰서, 실제로 그 샌드위치를 먹는 구체적인 장면을 떠올리면 이해하기 쉽다.

표5_ 5W1H로 보는 먹는 사람과 만드는 사람의 시점

	먹는 사람의 시점	만드는 사람의 시점
WHO(누가) →	특정 개인	대상
WHEN(언제) →	먹고 싶은 시기, 시간	제공하고 싶은 시기, 시간
WHERE(어디서) →	구입, 먹는 장소	제공 장소
WHAT(무엇을) →	먹고 싶은 메뉴	만들고 싶은 메뉴
WHY(왜) →	목적	개발이유, 의도
HOW(어떻게) →	용도	제조, 판매, 판촉방법

예를 들어 먹는 사람이 어린아이인지 30대 여성인지 50대의 남성인지, 아침식사용인지 저녁식사용인지, 집에서 먹는 것인지 밖에서 먹는 것인지, 동양식인지 프랑스식인지……. 5W1H를 체크할 때는 '누가(WHO)' 먹는 지를 먼저 생각하는 것이 좋다. 만약 구체적인 이미지가 떠오르지 않는다면 그 메뉴는 필요 없는 것으로 판단할 수 있다.

새로운 메뉴를 만들 때, 속재료와 빵을 결정하기 전에 5W1H로 표현할 수 있는 먹는 환경을 먼저 생각하는 것이 중요하다. 이렇게 만든 스토리가 새로운 메뉴인 응용 샌드위치가 필요한 이유가 된다.

또한, 같은 내용을 '먹는 사람'에서 '만드는 사람'으로 시점을 바꿔 보자. 시점을 바꾸면 메뉴를 개발하는 목적, 대상, 전제조건, 구체적인 상품 이미지, 판촉방법 등으로 내용이 바뀌고, 이것이 새로운 메뉴의 콘셉트가 된다.(표5 참조)

+α요소로 계절과 주제를 설정한다

샌드위치를 만들 때, 정통 샌드위치에 더해지는 '+α요소(p.26~27, 정통 샌드위치의 응용 방법 참조)'는 여러 가지로 생각할 수 있지만 계절로 접근하는 것이 가장 쉬운 방법이다. 사계절이 확실한 우리나라에서는 계절감이 있는 메뉴를 선호한다. 또한 계절에는 제철재료, 계절 행사, 계절에 어울리는 맛, 계절만이 갖는 특별한 먹는 환경 등이 포함된다.

그래서 이 책에서는 봄, 여름, 가을, 겨울 제철의 맛과 그 계절만의 먹는 환경을 샌드위치 만들기의 주제로 정하고, 구체적인 방법과 레시피를 소개하였다.

앞으로 소개할 LESSON 1~11(p.150~209)의 11가지 제목은 그대로 샌드위치의 주제로 활용해도 좋은 것들이다. 이 책에서는 사계절로 구분하고 있지만 계절을 서로 바꿔서 새로운 주제로 활용해도 좋다.

표6_응용 샌드위치 조립 방법

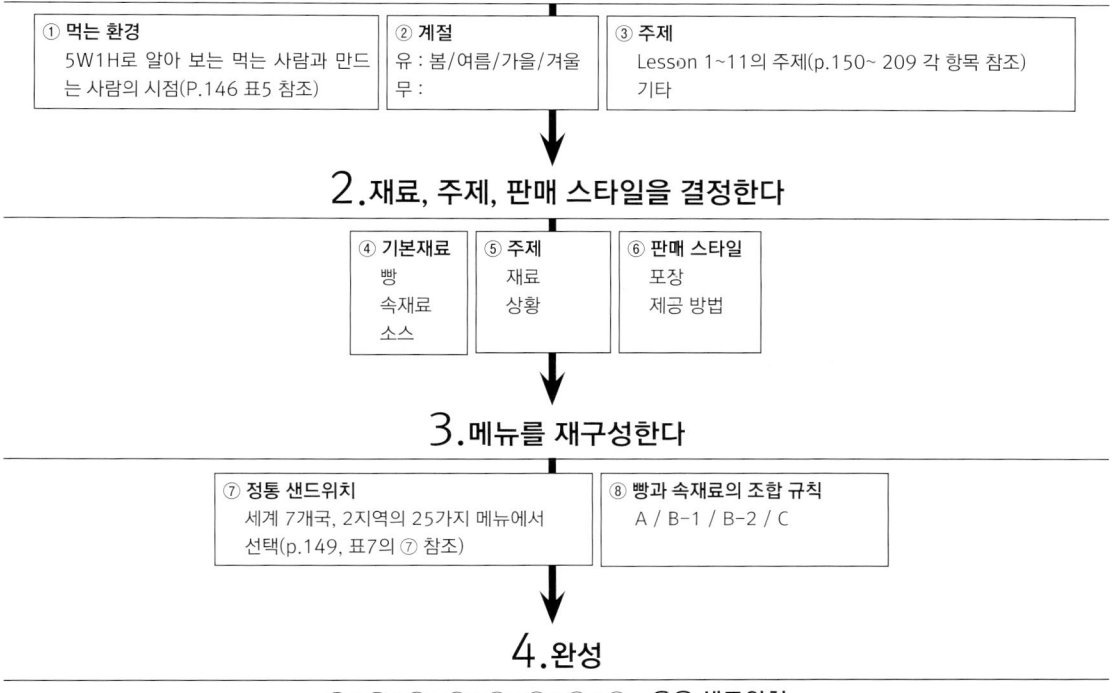

①+②+③+④+⑤+⑥+⑦+⑧ = 응용 샌드위치

■ 조립의 예
LESSON 2-① [유채 & 벚꽃절임 & 프로슈토 바게트 샌드위치]의 경우 (p.158~159 참조)
1. 콘셉트를 생각한다
  ① 먹는 환경
    먹는 사람 → 30대 여성 회사원, 평일 점심을 직장 휴게실에서 동료와 먹는다.
               제한된 시간에 맛있는 샌드위치를 빨리 먹고 싶다.
    만드는 사람 → 20~30대 직장여성 대상, 직장 근처 베이커리, 점심시간 한정으로,
                음료가 포함된 퀵 런치세트로 점포 앞에서 판매.
  ② 계절 → 봄
  ③ 주제 → 제철재료가 포인트가 된다.
2. 재료, 주제, 판매 스타일을 결정한다
  ④ 기본재료 → 바게트, 프로슈토, 크림치즈, 꿀
  ⑤ 주제요소 → 제철재료 → 유채, 벚꽃절임
  ⑥ 판매 스타일 → 점심시간 한정, 테이크아웃용
3. 메뉴를 재구성한다
  ⑦ 정통 샌드위치 → 바게트 샌드위치
  ⑧ 빵과 재료의 조합 규칙 → A
4. 완성
  [유채 & 벚꽃절임 & 프로슈토 바게트 샌드위치] 완성

* 응용 샌드위치 주제의 예 (p.150~209 참조)

LESSON 1	제철재료로 만든다 / 봄
LESSON 2	제철재료가 포인트가 된다 / 봄
LESSON 3	과일을 사용한다 / 봄
LESSON 4	야외에서 먹을 메뉴를 만든다 / 봄
LESSON 5	차가워도 맛있는 조합을 생각한다 / 여름
LESSON 6	향신료와 허브로 개성을 살린다 / 여름
LESSON 7	갓 구워서 제공한다 / 가을
LESSON 8	빵과 잘 어울리는 요리를 이용한다 / 가을
LESSON 9	와인과 잘 어울리는 조합을 생각한다 / 가을
LESSON 10	파티 메뉴를 생각한다 / 겨울
LESSON 11	동양 식재료를 사용한다 / 겨울

응용 샌드위치 조립 방법

여기까지 설명한 것을 기본으로 실제로 응용 샌드위치를 만들어 보자. 순서는 '표6_응용 샌드위치 조립 방법(p.147 참조)'에 나와 있으며, 아래에서 자세히 설명한다.

1. 콘셉트를 생각한다
왜 이 메뉴를 만드는지 아래 ①~③을 고려하여 전제 조건을 정리한다. 이를 조합하여 구체적인 이미지를 만들고 콘셉트를 정한다.

① **먹는 환경 설정**
샌드위치를 먹을 대상을 정하고, 그 샌드위치를 먹는 환경을 5W1H에 따라 각각 구체적으로 이미지화한다. 또, 만드는 사람의 입장으로 시점을 바꿔서 같은 방식으로 생각한다. (5W1H로 생각하는 방법은 p.146 표5 참조)

② **계절 설정**
필요에 따라 계절을 설정한다. 1년 내내 가능한 주제라면 설정할 필요 없다.

③ **주제 설정**
LESSON 1~11의 주제 중에서 고르거나 새롭게 설정한다.

2. 재료, 주제, 판매 스타일을 결정한다
1의 콘셉트를 기본으로 메뉴 조립에 필요한 ④~⑥의 내용을 정리한다.

④ **기본 재료** (빵, 속재료, 소스)
⑤ **주제** (제철재료와 사용 밥법, 계절 행사 등의 상황)
⑥ **판매 스타일** (포장, 제공방법)

3. 메뉴를 재구성한다
응용 샌드위치의 기본이 될 정통 샌드위치를 골라서 빵과 속재료의 균형을 정한다. 1, 2의 내용을 조합하여 메뉴를 재구성하고 구체적인 레시피를 만든다.

⑦ **정통 샌드위치 메뉴** (p.149 표7의 ⑦ 참조)
⑧ **빵과 속재료의 조합 규칙** (p.27, 표3 참조)

*
⑧의 경우 여기서는 정통 샌드위치 메뉴와는 별개로 빵과 속재료의 균형, 빵의 종류를 고려한다.

4. 완성
이렇게 ①~⑧을 따라서 만들면, 콘셉트가 명확한 응용 샌드위치가 완성된다.

이 책의 LESSON 1~11에서는 이 순서에 따라 응용 샌드위치를 조립하였다. ②와 ③을 조합한 것이 '응용 샌드위치 주제의 예'이고, 2는 STEP 2~3과, 3은 STEP3과 각각 관련지어 설명하고 있다(①은 내용이 한정되기 때문에 이 책에서는 구체적으로 설정하지 않았다).

'표7_응용 샌드위치 콘셉트 표'(p.149)를 복사해서 실제로 새로운 샌드위치를 만들 때 활용해 보자.

표7_응용 샌드위치 콘셉트 표

1. 콘셉트 설정

① 먹는 환경

WHO (누가) _____

WHEN (언제) _____

WHERE (어디서) _____

WHAT (무엇을) _____

WHY (왜) _____

HOW (어떻게) _____

② 계절

유 □봄 □여름
　 □가을 □겨울
_____
무 □

③ 주제

□ Lesson1　□ Lesson2　□ Lesson3
□ Lesson4　□ Lesson5　□ Lesson6
□ Lesson7　□ Lesson8　□ Lesson9
□ Lesson10　□ Lesson11

□ 그 외

2. 재료, 주제, 판매스타일을 결정한다

④ 기본 재료

빵 _____

속재료 _____

소스 _____

⑤ 주제 요소

재료 _____

상황 _____

⑥ 판매 스타일

포장 _____

제공방법 _____

3. 메뉴를 재구성한다

⑦ 정통 샌드위치

□ 로스트비프 샌드위치
□ 바게트 샌드위치
□ 팡 바냐
□ 클럽 샌드위치
□ 에그 베네딕트
□ 몬테크리스토
□ 파니노
□ 반미
□ 과일 샌드위치

□ 티 샌드위치
□ 타르틴
□ 팽 쉬르프리즈
□ 루벤 샌드위치
□ 부리토
□ 칼테스 에센
□ 스모르브로드
□ 돈가스 샌드위치

□ 올 데이 브렉퍼스트
□ 크로크 무슈
□ BLT
□ 베이글 샌드위치
□ PB & J
□ 부르스트브뢰첸
□ 팔라펠
□ 곳페빵 샌드위치

⑧ 빵과 속재료의 조합 규칙

□ A
□ B-1
□ B-2
□ C

구성요소 :　빵　+　유지류　+　주재료　+　소스　+　포인트 재료
　　　　　　↓　　　　↓　　　　↓　　　　↓　　　　↓
　　　____　　____　　____　　____　　____

4. 완성

메뉴 이름

_____

포인트

_____

봄 *Spring*
제철재료를 산뜻하게 사용한다

새로운 시작을 알리는 봄에는 샌드위치가 제격이다. 꽃구경과 피크닉에도 샌드위치는 빼놓을 수 없는 아이템. 따스한 햇살에 맛이 든 제철채소와 향이 좋은 산나물 등 봄을 느낄 수 있는 재료를 사용하여 싱싱하고 산뜻한 맛을 즐겨보자.

봄 샌드위치 재료

봄(3~5월)

채 소 _ 봄양배추, 햇양파, 햇감자, 화이트 아스파라거스, 그린 아스파라거스, 꼬투리완두콩, 누에콩, 완두콩, 유채, 머위 새순, 죽순, 땅두릅, 우엉, 봄동, 달래, 취나물 등

과 일 _ 딸기, 감귤류(한라봉, 천혜향, 레드향 등)

'햇'과 '봄'이 붙는 채소는 이 시기에만 맛볼 수 있는 부드러운 향과 식감이 있다. 향이 진한 산나물을 이용하는 것도 좋다.

LESSON 1　제철재료로 만든다 | **제철재료 샌드위치 I**
LESSON 2　제철재료가 포인트가 된다 | **제철재료 샌드위치 II**
LESSON 3　과일을 사용한다 | **디저트 샌드위치**
LESSON 4　야외에서 먹을 메뉴를 만든다 | **피크닉 샌드위치**

LESSON 1

제철재료로 만든다
제철재료 샌드위치 I

POINT
- 메뉴의 계절감을 '제철재료'로 표현한다.
- '제철재료'의 특징을 살리는 조합을 생각한다.
- '제철재료'는 다른 속재료에 맞춰서 자르는 방법, 조리 방법, 양념에 변화를 준다.

STEP 1 재료를 선택한다

봄양배추를 선택한다
봄에 수확한 양배추는 맛이 무난해서 여러 가지 조합으로 활용할 수 있다.

*
이 시기에는 햇양파도 같은 방식으로 활용할 수 있다.

재료 memo
3~5월경에 수확한 양배추는 부드럽고 안쪽까지 황녹색을 띤다. 부드럽고 단맛이 있어서 날것으로 먹어도 맛있다.

STEP 2 재료 사용 방법

봄양배추를 어떻게 사용할지 생각한다
자르는 방법, 가열, 양념 등 간단한 방법으로 변화를 준다.

	양념을 하지 않는 경우		양념을 하는 경우	
생	 **a. 굵게 채썰기** 간단한 채썰기도 두께에 따라 느낌이 달라진다.	 **b. 가늘게 채썰기**	 **c. 비네그레트 마리네이드** 곱게 채 썰어서 기본 비네그레트 소스(p.61 참조)에 절인다.	 **d. 콜슬로** 굵게 다진 양배추를 소금에 절인 후 물기를 제거하고 마요네즈와 흰 후추로 간을 한다.
가열	 **e. 볶기(토막썰기)** 가열하면 부드러운 단맛이 난다.	**f. 찌기(토막썰기)**		

STEP 3 메뉴를 재구성한다

정통 메뉴에 봄양배추를 더해서 봄에 어울리는 메뉴로 조립한다

① 돈가스 샌드위치   + a. 봄양배추[굵게 채썰기]
② 크로켓 샌드위치   + b. 봄양배추[가늘게 채썰기]
③ 루벤 샌드위치   + c. 봄양배추[비네그레트 마리네이드/채썰기]
④ 햄 샌드위치   + d. 봄양배추[콜슬로]
⑤ 곳페빵 샌드위치   + e. 봄양배추[찐 것/토막썰기]
⑥ 돈가스 샌드위치   + e. 봄양배추[찐 것/토막썰기]
⑦ 부르스트브뢰첸   + f. 봄양배추[볶은 것/토막썰기]

봄양배추 듬뿍 돈가스 샌드위치

LESSON 1-①

Spring LESSON 1

정통 샌드위치 타입
규칙C × [돈가스 샌드위치] 응용
+α 요소 a. 봄양배추 [굵게 채썰기]

Memo
봄에 수확한 양배추는 부드럽고 단맛이 있기 때문에 굵게 채 썰어서 올린다. 검은깨와 참깨가 듬뿍 들어간 빵과 조합해도 양배추의 존재감을 느낄 수 있다. 양배추 자체에는 양념하지 않고, 돈가스에 듬뿍 뿌린 소스 맛으로 즐긴다.

재료 2개 분량
참깨빵(작고 둥근 것 / 12㎜ 두께로 V자 칼집) …… 2장
버터(무염) …… 5g
겨자 …… 2g
등심 돈가스 …… 1/2장
돈가스 소스(p.135 참조) …… 14g
참깨 간 것 …… 3g
봄양배추(굵게 채썰기) …… 16g

만드는 방법
1. 참깨빵은 칼집을 낸 안쪽면에 버터를 바르고, 한쪽면에는 버터 위에 겨자를 덧바른다.
2. 등심 돈가스는 2등분해서 1에 끼워 넣고, 돈가스 소스와 참깨 간 것을 섞어서 뿌린 다음, 그 위에 봄양배추를 올린다.

LESSON 1-②
봄양배추 듬뿍 크로켓 샌드

정통 샌드위치 타입
규칙 B-1 × [크로켓 샌드위치] 응용
+α요소 b. 봄양배추 [가늘게 채썰기]

Memo 정통 크로켓에 타르타르 소스로 산뜻함과 푸짐함을 더했다. 채 썬 봄양배추를 듬뿍 넣어서 눈으로도 봄을 느낄 수 있는 샌드위치. 싱싱한 봄양배추로 크로켓을 산뜻하게 즐길 수 있다.

재료 1개 분량
파커 하우스 롤(35g) …… 1개
버터(무염) …… 3g
상추 …… 3g
크로켓(75g) …… 1개
타르타르 소스(p.137 참조) …… 20g
봄양배추(가늘게 채썰기) …… 10g

만드는 방법
1. 빵 안쪽면에 버터를 바르고 상추와 크로켓을 끼워 넣는다.
2. 크로켓 위에 타르타르 소스를 뿌리고 양배추를 듬뿍 올린다.

파커 하우스 롤_반죽을 둥글넙적하게 민 다음 반으로 접어서 구운 빵. 햄버거 빵으로 대체할 수 있다.

LESSON 1-③
봄양배추 마리네이드 루벤 샌드위치

Memo 채 썬 봄양배추를 비네그레트 소스에 절여서 상큼한 맛이 난다.

재료 1개 분량
통밀 둥근식빵(작은 것 / 12㎜) …… 2장
버터(무염) …… 4g
비프 파스트라미 80g
봄양배추(비네그레트 마리네이드 / p.152 참조)
　…… 15g
사우전드 아일랜드 드레싱(p.83 참조) …… 15g
체다치즈(슬라이스) …… 1장

만드는 방법
1. 통밀 둥근식빵은 살짝 구워서 한쪽면에 버터를 바른다.
2. 1에 비프 파스트라미, 봄양배추, 사우전드 아일랜드 드레싱, 체다치즈를 순서대로 올리고, 오븐 토스터에 넣어서 치즈가 녹을 때까지 굽는다.

정통 샌드위치 타입
규칙 B-1 × [루벤 샌드위치] 응용
+α요소 c. 봄양배추 [마리네이드]

Spring LESSON 1

LESSON 1-④
봄양배추 콜슬로 & 햄샌드

정통 샌드위치 타입

규칙 C × [햄 샌드위치] 응용
+α 요소 d. 봄양배추 [콜슬로]

Memo
심플한 햄 샌드위치에 봄양배추 콜슬로를 더해서 샐러드 느낌의 샌드위치를 만들었다. 달걀 샐러드가 아니라 달걀을 넣은 타르타르 소스를 사용하는 것이 포인트. 달걀의 부드러운 맛과 코르니숑의 새콤한 맛의 대비가 산뜻하다.

재료 1개 분량
사각식빵(12mm) …… 2장
버터(무염) …… 8g
로스햄 …… 2장
봄양배추(콜슬로 / p.152 참조) …… 25g
타르타르 소스(p.137 참조) …… 20g

만드는 방법
1. 사각식빵은 한쪽면에 버터를 바른다. 1장의 빵에 로스햄 2장을 겹쳐서 올린 다음, 봄양배추를 올린다.
2. 나머지 1장에는 버터 위에 타르타르 소스를 덧발라서 1과 포갠다. 가장자리를 자르고 2등분한다.

LESSON 1-⑤
봄양배추 듬뿍 소금맛 야키소바빵

정통 샌드위치 타입
규칙 B-1 × [곳페빵 샌드위치] 응용
+α 요소 e. 봄양배추 [찐 것 / 토막썰기]

Memo
레몬과 마늘향이 나는 소금맛 야키소바는 부담 없는 담백한 맛. 찐 양배추의 부드러운 단맛과 잘 어울린다. 검은 후추와 레몬으로 산뜻하게 마무리 한다.

재료 1개 분량
곳페빵(40g) …… 1개
버터(무염) …… 4g
소금 야키소바 …… 30g
봄양배추(찐 것) …… 20g
검은 후추 …… 적당량
레몬 …… 1/12개

만드는 방법
1. 곳페빵은 위에서 세로로 칼집을 내고 자른 면에 버터를 바른다.
2. 소금맛 야키소바와 봄양배추를 섞어서 사이에 넣고 굵게 간 검은 후추를 뿌린 다음 레몬을 곁들인다.

소금맛 야키소바_식용유를 조금 두르고 달군 프라이팬에 돼지고기 50g과 피망 2개를 채 썰어서 넣고 볶다가 소금과 흰 후추로 살짝 간을 한다. 야키소바를 넣고 청주를 조금 뿌려서 살짝 풀어준다. 양념(물 3큰술, 소금 1작은술, 치킨스톡 1작은술, 레몬즙 1작은술, 다진 마늘 1조각 분량, 흰 후추 조금)을 넣고 볶다가 마무리로 참기름을 조금 넣으면 완성.

Spring **LESSON 1**

LESSON 1-⑥
새콤달콤 닭튀김 샌드

정통 샌드위치 타입
규칙 C × [돈가스 샌드위치] 응용
+α 요소 e. 봄양배추 [찐 것 / 토막썰기]

Memo
새콤달콤한 소스로 맛을 낸 닭튀김과 봄양배추의 산뜻한 맛이 잘 어울린다. 재료의 장점을 잘 살린 간단한 조합.

재료 1개 분량
캉파뉴(소프트타입 / 12㎜ 두께로 V자 칼집)
　　…… 1장
레몬 버터(p.215 참조) …… 4g
상추 …… 3g
닭튀김 …… 60g
닭튀김 소스 …… 15g
봄양배추(찐 것) …… 15g

만드는 방법
1. 캉파뉴는 자른 면에 버터를 바른다.
2. 상추와 소스를 넣고 버무린 닭튀김, 봄양배추를 순서대로 사이에 넣는다.

닭튀김 소스_작은 냄비에 식초, 설탕, 케첩을 각 50㎖씩 넣고 물 1큰술에 녹말가루 1작은술을 풀어서 섞은 다음 걸쭉해질 때까지 끓인다.

LESSON 1-⑦
봄양배추 스파이시 핫도그

정통 샌드위치 타입
규칙 B-1 × [부르스트브뢰첸] 응용
+α 요소 f. 봄양배추 [볶은 것 / 토막썰기]

Memo
검은 후추의 맛이 나는 소시지와 볶은 양배추를 넣은 심플한 핫도그. 후추와 머스터드의 자극적인 맛이 봄양배추의 단맛을 살려준다.

재료 1개 분량
브뢰첸(50g) …… 1개
버터(무염) …… 4g
검은 후추 소시지(90g) …… 1개
머스터드 …… 5g
봄양배추(볶은 것) …… 15g

만드는 방법
1. 브뢰첸은 위에서 세로로 칼집을 내고, 자른 면에 버터를 바른다.
2. 소시지를 구워서 끼워 넣고 머스터드를 뿌린 다음, 봄양배추를 올린다.

LESSON 2

제철재료가 포인트가 된다
제철재료 샌드위치 II

POINT
- 메뉴의 계절감을 '제철재료'로 표현한다.
- 개성적인 맛을 내는 '제철재료'를 포인트 맛으로 활용한다.
- 정통 샌드위치를 응용하여 일부 재료만 제철재료로 대체하면 무리 없이 맛있는 샌드위치를 만들 수 있다.

STEP 1 재료를 선택한다

포인트가 되는 제철재료를 선택한다
개성적인 맛의 제철재료를 포인트 재료로 사용하면 효과적이다. 빵에 잘 넣지 않는 재료도 잘 활용하면 맛이 잘 어우러진 샌드위치를 만들 수 있다.

a. 유채
유채과의 녹황색채소. 약간 쌉쌀한 맛이 봄을 느끼게 한다.

b. 머위새순
봄을 대표하는 산나물로 특유의 향과 쓴맛이 있다.

c. 햇양파
매운맛이 적고 단맛이 있어서 날것으로 먹어도 좋다.

d. 봄우엉
쓴맛이 적고 향이 강하다. 부드럽기 때문에 살짝 데치기만 하면 맛있게 먹을 수 있다.

STEP 2 재료 사용 방법

'제철재료'를 맛있게 조합한다
심플한 조리법으로 향을 살린다.

벚꽃절임
소금기를 제거하고 꿀과 함께 섞으면 치즈나 생햄과도 잘 어울린다.

머위미소
머위새순의 쌉쌀함과 미소의 풍미가 빵과 잘 어울린다.

햇양파 마리네이드
기본적인 마리네이드도 햇양파로 만들면 좀 더 산뜻하다.

햇양파 드레싱
햇양파를 갈아서 넣은 드레싱은 봄우엉과 잘 어울린다.

STEP 3 메뉴를 재구성한다

정통 메뉴에 제철재료를 더해서 봄에 어울리는 메뉴로 조립한다

① 바게트 샌드위치 + a. 유채 [+벚꽃절임]
② 부르스트브뢰첸 + b. 머위새순 [→머위미소]
③ 티 샌드위치 + c. 햇양파 [→마리네이드]
④ BLT + d. 봄우엉 [+햇양파 드레싱]

Spring **LESSON 2**

LESSON 2-①
유채 & 벚꽃절임 & 프로슈토 바게트 샌드위치

정통 샌드위치 타입
규칙 A × [바게트 샌드위치] 응용
+α 요소 a. 유채 [+벚꽃절임]

재료 1개 분량
바게트 …… 1/4개
프로슈토 …… 1장
유채 …… 10g
크림치즈 …… 15g
벚꽃절임 …… 3개
꿀 …… 1작은술

만드는 방법
1. 끓는 물에 벚꽃절임을 1분 정도 살짝 데쳐서 찬물로 헹군 다음, 키친타월로 물기를 제거하고 꿀과 섞는다.
2. 2㎝ 길이로 자른 유채는 벚꽃절임을 데친 물에 데쳐서 찬물로 헹구고 물기를 제거한다.
3. 바게트에 칼집을 내고 사이에 크림치즈, 프로슈토, 유채를 순서대로 넣은 다음 1의 벚꽃절임을 올린다.

벚꽃절임_ 아직 피지 않은 벚꽃 봉오리를 따다가 소금에 절인 것.

Memo
벚꽃절임은 소금기를 뺀 다음 꿀로 버무리는 것이 포인트. 약간의 소금기와 달콤한 꿀은 프로슈토나 크림치즈와 잘 어울린다. 벚꽃절임을 데친 물에 유채를 살짝 데치면 부드러운 벚꽃절임의 향이 전체적으로 퍼진다. 바게트에 듬뿍 바른 크림치즈가 각 재료의 개성적인 맛을 하나로 모아준다.

LESSON 2-②
머위미소 핫도그

정통 샌드위치 타입
규칙 B-1 × [부르스트브뢰첸] 응용
+α 요소 b. 머위새순 [→ 머위미소]

재료 1개 분량
핫도그빵(40g) …… 1개
버터(무염) …… 3g
허브 소시지(45g) …… 1개
머위미소 …… 10g
겨자 …… 3g

만드는 방법
핫도그빵은 위에서 세로로 칼집을 내고, 자른 면에 버터를 바른다. 구운 허브 소시지를 사이에 넣고 머위미소와 겨자를 올린다.

머위미소_설탕, 청주 등을 넣고 볶거나 이긴 미소된장에 머위새순을 다져서 넣은 것.

Memo
허브 소시지와 봄이 느껴지는 머위새순 향의 조화가 새롭다. 머위미소의 쌉쌀함과 코끝이 찡해지는 겨자 맛이 인상적인 핫도그.

LESSON 2-③
햇양파 마리네이드 & 훈제연어 호밀빵 샌드

정통 샌드위치 타입
규칙 C × [티 샌드위치] 응용
+α 요소 c. 햇양파 [→마리네이드]

Memo
햇양파 마리네이드와 레몬 버터의 향이 연어의 맛을 돋워준다.

재료 1개 분량
호밀식빵(10mm) …… 2장
레몬 버터(p.215 참조) …… 2g
훈제연어 …… 30g
햇양파 마리네이드 …… 12g
양상추 …… 6g
케이퍼(p.228 참조) …… 3개

만드는 방법
1. 호밀식빵은 한쪽면에 레몬 버터를 바른다.
2. 1에 훈제연어, 잘게 다진 케이퍼, 햇양파 마리네이드, 양상추를 순서대로 올리고 나머지 식빵으로 덮는다.
3. 가장자리를 자르고 3등분한다.

햇양파 마리네이드_햇양파는 얇게 썰어서 비네그레트 소스(p.61 참조)에 절인다.

LESSON 2-④
우엉 샐러드를 넣은 BLT

정통 샌드위치 타입
규칙 B-2 × [BLT] 응용
+α 요소 d. 우엉 [+햇양파 드레싱]

Memo
별다른 소스 없이 우엉 샐러드의 풍미를 살리는 것이 포인트.

재료 1개 분량
잡곡 사각식빵(작은 것 / 15mm) …… 2장
버터(무염) …… 4g
베이컨(8mm) …… 1장
토마토(10mm) …… 1장
우엉 샐러드 …… 12g
양상추 …… 15g

만드는 방법
1. 2등분해서 구운 베이컨은 키친타월로 기름기를 제거한다. 잡곡 사각식빵은 살짝 구워서 한쪽면에 버터를 바른다.
2. 빵에 베이컨, 토마토, 우엉 샐러드, 식빵 크기에 맞게 접은 양상추를 순서대로 올리고 나머지 빵으로 덮는다. 가장자리를 자르고 2등분한다.

우엉 샐러드_비네그레트 소스(p.61 참조)에 햇양파 간 것 1/2개 분량과 간장 1작은술을 넣어서 햇양파 드레싱을 만든다. 우엉은 깎아썰기해서 살짝 데친 다음 드레싱을 넣고 섞는다.

LESSON 3

과일을 사용한다
디저트 샌드위치

POINT
- '과일'은 날것, 잼, 말린 과일 등으로 각각의 특징을 살려서 사용한다.
- '과일'로 만든 샌드위치는 단맛, 신맛, 감칠맛의 균형과 대비로 맛을 표현한다.
- 생크림과 숙성되지 않은 프레시 치즈를 효과적으로 사용한다.

STEP 1 재료를 선택한다

'과일'을 선택한다
과일을 넣은 디저트용 샌드위치는 여성들에게 인기가 많다. 싱싱한 딸기를 사용하거나 잼을 만들어서 사용해도 좋고, 감칠맛이 응축된 말린 과일도 효과적으로 활용할 수 있다.

a. 딸기
제철을 맞은 딸기를 듬뿍 넣는다.

b. 감귤류
감귤류는 싱싱한 과육뿐 아니라, 잼을 만들거나 껍질을 활용할 수도 있다.

c. 말린 과일
그대로 사용하거나, 콩포트를 만들어서 사용해도 좋다.

STEP 2 재료 조합 방법

'과일'과 크림, 프레시 치즈를 조합한다

생크림
싱싱한 과일의 향을 돋워준다.

커스터드 크림
생크림과 조합하여 진한 맛을 낸다.

크림치즈
잼과 잘 어울린다.

마스카르포네 치즈
부드러운 단맛이 있어서 어떤 재료와도 잘 어울린다.

STEP 3 메뉴를 재구성한다

정통메뉴에 '과일'과 크림 또는 치즈를 더해서 메뉴를 구성한다

① 과일 샌드위치 + a. 딸기[날것] + 생크림 & 커스터드 크림
② 바게트 샌드위치 + b. 감귤류[날것, 잼, 껍질] + 크림치즈
③ 과일 샌드위치 + c. 말린 과일[레드와인 콩포트] + 마스카르포네 치즈

Spring **LESSON 3**

LESSON 3-①
딸기 디저트 샌드위치

정통 샌드위치 타입
규칙 B-2 × [과일 샌드위치] 응용
+α 요소 a. 딸기[날 것]

Memo
생크림, 딸기, 폭신폭신한 식빵의 간단한 조합에 커스터드 크림을 넣어 좀 더 고급스러운 맛을 냈다. 딸기는 자르는 위치를 생각해서 자른 면의 모양이 예쁘게 나오도록 배치한다.

재료 1개 분량
사각식빵(12㎜) …… 2장
생크림(그래뉴당을 10% 정도 넣고 휘핑한 것) …… 40g
딸기 …… 9개
커스터드 크림 …… 20g

만드는 방법
1. 식빵 1장에 생크림을 듬뿍 바르고 딸기를 올려 놓는다. 다른 1장의 빵에 커스터드 크림을 발라서 덮는다.
2. 랩으로 싼 다음 도마 등 평평한 물건으로 눌러서 딸기와 딸기 사이에 생크림이 들어가게 한다. 냉장고에 넣어서 생크림이 굳어지면 가장자리를 잘라내고 원하는 크기로 자른다.

커스터드 크림_냄비에 우유 300g과 바닐라빈 1/3개를 넣고 끓인다. 볼에 달걀노른자 3개와 그래뉴당 80g을 넣고 하얗게 변할 때까지 휘핑한 다음, 밀가루 15g과 옥수수 가루 15g을 체에 내려서 넣고 섞는다. 우유가 끓으면 바닐라 빈을 건져내고, 볼에 조금씩 부으면서 섞는다. 전체적으로 잘 섞이면 다시 냄비에 넣고 거품기로 잘 저으면서 걸쭉해질 때까지 끓인다. 넓적한 그릇에 평평하게 담고, 랩을 단단히 씌워서 식힌다.

LESSON 3-②
한라봉 & 크림치즈 호두빵 샌드

정통 샌드위치 타입
규칙 B-1 × [바게트 샌드위치] [과일 샌드위치] 응용
+α 요소 b. 감귤류 [+날것, 잼, 껍질]

Memo
한라봉의 싱싱한 과육과 껍질, 귤잼을 조합하여 맛이 점점 진해지는 것이 포인트. 크림치즈와 귤잼을 듬뿍 발라서 산뜻한 향이 살아 있고, 호두빵의 고소한 맛과 식감도 즐길 수 있다.

재료 1개 분량
호두가 들어간 프랑스빵(55g) …… 1개
크림치즈 …… 30g
귤잼(크림치즈용) …… 10g
귤잼(토핑용) …… 5g
한라봉(과육, 날것) …… 4개
한라봉 껍질 콩피 …… 5g

만드는 방법
1. 호두가 들어간 프랑스빵은 가로로 비스듬히 칼집을 낸다.
2. 크림치즈와 귤잼을 섞어서 자른 면의 아랫부분에 바르고, 토핑용 귤잼을 올린다. 한라봉 과육, 한라봉 껍질 콩피를 넣는다.

한라봉 껍질 콩피_한라봉 껍질의 오렌지색 부분을 얇게 깎은 다음, 살짝 데쳐서 곱게 채 썬다. 작은 냄비에 한라봉 껍질과, 그래뉴당, 약간의 물을 넣고 껍질이 투명해질 때까지 약한 불로 끓인다.

LESSON 3-③
마스카르포네 & 말린 과일 브리오슈 샌드

정통 샌드위치 타입
규칙 B-2 × [과일 샌드위치] 응용
+α 요소 c. 말린 과일 [레드와인 콤포트]

Memo
맛이 진한 브리오슈 드 낭테르와 마스카르포네 치즈, 레드와인과 꿀을 넣고 조린 말린 과일, 프로슈토가 잘 어울린다. 와인과 함께 먹으면 잘 어울리는, 어른 입맛에 맞는 과일 샌드위치.

재료 1개 분량
브리오슈 드 낭테르(p.14 참조 / 12mm) …… 2장
루콜라 …… 2g
프로슈토 …… 1장
말린 과일 레드와인 콤포트 …… 30g
마스카르포네 치즈 …… 25g

만드는 방법
1. 브리오슈 드 낭테르 1장은 마스카르포네 치즈를 얇게 바르고, 루콜라, 프로슈토, 말린 과일 레드와인 콤포트를 올린다.
2. 다른 1장의 빵에 마스카르포네 치즈를 발라서 1과 합친 다음, 가장자리를 잘라내고 2등분한다.

말린 과일 레드와인 콤포트_말린 무화과, 살구, 건포도, 청포도, 말린 크랜베리, 말린 블루베리 섞은 것 100g과 레드와인 200g, 물 50g, 꿀 50g을 냄비에 넣고 끓인다. 한소끔 끓으면 약한 불로 줄이고 10분 정도 끓인다. 불을 끄고 그대로 식힌 다음 취향에 따라 시나몬, 정향, 팔각 등의 향신료를 넣어도 좋다.

LESSON 4

야외에서 먹을 메뉴를 만든다
피크닉 샌드위치

POINT
- 계절 행사나 먹는 상황에 맞춰 주제를 정한다.
- 주제와 상황에 맞는 맛, 크기, 포장을 고려해서 구체적인 메뉴를 짠다.
- 여기서는 '피크닉'을 주제로, 야외에서 먹을 수 있는 메뉴를 만든다.

STEP 1 상황을 설정한다

'피크닉'을 주제로 삼는다
날씨가 따뜻해지면 야외에서 샌드위치를 먹을 기회가 늘어난다. 꽃구경을 가거나 공원 벤치에 앉아서 즐길 수도 있다. 이 때 가장 중요한 점은 '먹기 편해야 한다'는 것이다. 테이블이 없어도 편하게 먹을 수 있도록 포장과 크기를 고려해서 자연스러운 스타일의 피크닉 샌드위치를 만들어 보자.

STEP 2 포장 방법

a. 재생지 상자 & 유산지
재생지로 만든 상자는 유산지와 함께 사용한다.

b. 대나무 바구니
나들이 샌드위치를 담기에 좋다.

c. OPP봉투 & 타이
투명한 OPP봉투는 샌드위치를 맛있어 보이게 만들어 준다. 개별포장한 샌드위치는 야외에서 먹기 편하다.

d. 피크닉 바스켓
바게트와 빵에 발라먹는 파테, 피클, 치즈 등을 담아서 원하는 스타일로 즐기는 프랑스풍 피크닉 바스켓.

STEP 3 메뉴를 재구성한다

각각의 주제와 포장 방법을 고려해서 메뉴를 재구성한다

① 2인용 피크닉 샌드위치   +   a. 재생지 상자 & 유산지
② 꽃나들이용 볼륨 샌드위치   +   b. 대나무 바구니
③ 단체 나들이용 샌드위치   +   c. OPP봉지 & 타이
④ 와인과 함께 즐기는 피크닉 세트   +   d. 피크닉 바스켓

Spring LESSON 4

LESSON 4-①
피크닉 박스 샌드위치

+α 요소
규칙 C × [2인용 피크닉 샌드위치]

① 소프트살라미 샐러드 샌드
바타르, 버터(무염), 써니양상추, 상추, 씨겨자 마요네즈, 토마토, 스파이시소프트 살라미
② 달걀 치킨 샌드
사각식빵(12mm), 버터(무염), 달걀 샐러드, 훈제치킨, 상추
③ 풋콩 참치 샌드
사각식빵(12mm), 버터(무염), 참치 샐러드, 풋콩, 상추
④ 크림치즈 & 마멀레이드 롤샌드
사각식빵(12mm), 버터(무염), 크림치즈, 마멀레이드
⑤ 데리야키 치킨 & 채소 롤샌드
호박식빵(12mm), 버터(무염), 간장 마요네즈, 오이채, 당근채

롤샌드_랩을 깔고 그 위에 가장자리를 자른 12mm 두께의 사각식빵을 올린 다음, 버터나 크림치즈를 바른다. 빵 가장자리보다 약간 안쪽으로 속재료를 올리고 김밥 말듯이 만 다음, 랩 끝부분을 꼬아서 사탕처럼 묶는다. 어슷하게 2등분한다.

Memo
식빵으로 만든 샌드위치와 바타르에 샐러드를 넣고 만든 샌드위치를 함께 담은 샌드위치 박스. 속재료를 많이 넣어도 모양이 잘 흐트러지지 않기 때문에 운반하기 편해서 야외에서 먹기 좋다. 먹기 편한 크기로 잘라서 2인용은 물론 여러 개 만들어서 단체용으로 활용해도 좋다. OPP봉투에 그대로 넣어서 포장한다.

LESSON 4-②
튀김 샌드위치 세트

Memo
푸짐해 보이는 튀김 샌드위치를 담은 화려한 샌드위치 박스로 꽃나들이를 갈 때 좋다. 식사용으로도 충분하며, 피크닉 박스 샌드위치와 조합하면 활용할 수 있는 폭이 넓어진다.

① 히레가스 샌드
사각식빵(15mm), 버터(무염), 히레가스, 돈가스 소스
② 새우가스 샌드
캉파뉴(15mm, V자 칼집), 버터(무염), 새우가스, 오로라 소스, 상추
③ 닭튀김 랩 샌드
토르티야, 버터(무염), 상추, 양배추채, 닭튀김, 타르타르 소스

오로라 소스_베샤멜 소스에 토마토 퓌레와 버터를 넣은 소스.

+α 요소
꽃나들이용 볼륨 샌드위치

LESSON 4-③
미니 샌드위치 버라이어티 박스

+α 요소
단체 나들이용 샌드위치

Memo
알록달록 보기 좋게 완성한 작은 샌드위치를 1개씩 랩으로 싸서 상자에 담는다. OPP봉투에 넣으면 내용물을 알아보기 쉽고, 야외에서 먹기 편하다. 바게트 샌드위치는 유산지로 포장하여 다양한 느낌으로 연출하였다. 심플한 샌드위치라도 작은 크기로 여러 종류를 만들어서 즐거운 분위기를 만들어 보자. 홈파티에도 어울린다.

재료
① **프티 비에누아**
 프티 비에누아, 버터(무염), 양상추, 씨겨자 마요네즈, 토마토, 마리보(얇게 썬 것)
② **미니 포카치오 샌드**
 미니 포카치오, 버터(무염), 프로슈토, 루콜라, 세미드라이 토마토, 블랙 올리브, 파르메산 치즈
③ **바타르 샌드**
 바타르, 버터(무염), 써니양상추, 스파이시소프트 살라미, 아욜리, 파프리카
④ **피셀 샌드**
 피셀, 버터(무염), 컨트리로스트 햄, 디종 머스터드, 코르니숑

피셀 샌드는 유산지에 포장해도 좋다.

Spring LESSON 4

LESSON 4-④
프랑스풍 피크닉 바스켓

+α 요소
와인과 함께 즐기는 피크닉 세트

Memo

피크닉의 사전적 의미는 '야외에서 하는 식사'이다. 'piquer(새가 먹이를 쪼아 먹는다)'와 게르만 어원인 'nique(매우 여유롭다)'의 합성어로 17세기말에 만들어진 말이다. 경치 좋은 야외에서 식사를 하면 간단한 식사라도 더 맛있게 느껴지는 것은 예나 지금이나 변함없는 사실이다.

현재 프랑스에서는 피크닉 도시락으로 식어도 맛있고, 운반하기 쉬운 재료를 준비한다. 햄, 살라미, 치즈와 피클 등을 중심으로 가장 중요한 빵과 작은 쟁반, 빵칼, 버터칼도 잊지 않고 챙긴다. 바구니에 대충 챙겨 넣은 것처럼 보이지만 이 재료들은 모두 빵을 더 맛있게 만들어 주는 것들이다. 피크닉 바스켓은 커다란 셀프 샌드위치 세트라고 할 수 있다.

햇빛 좋은 주말에는 이런 피크닉 세트가 제격이다. 바게트는 먹기 좋은 두께로 미리 썰어놓고, 리예트와 생햄, 카망베르, 작은 병에 담은 피클 등을 준비해 보자.

재료

바게트, 버터, 리예트, 디종 머스터드, 피클, 살라미, 코르니숑, 카망베르

여름에 어울리는 맛을 생각한다

우리의 여름은 매우 뜨겁다. 입맛이 떨어지기 쉽고, 점심메뉴로 빵보다는 목넘김이 편하고 시원한 면류를 더 찾게 된다. 또, 매운 요리의 인기가 높아지는 계절이기도 하다. 그렇다면 차갑고 매콤한 샌드위치는 어떨까? '산뜻', '시원', '매콤'을 키워드로 새로운 조합을 생각해보자.

여름 샌드위치 재료

여름(6~8월)

채 소 _ 오이, 토마토, 호박, 양상추, 풋콩, 피망, 셀러리, 가지, 주키니, 여주, 마늘, 차즈기, 오크라, 양하, 옥수수 등

과 일 _ 살구, 매실, 수박, 포도, 멜론, 복숭아, 자두, 체리 등

토마토와 오이, 상추 등은 맛있을 뿐 아니라, 몸의 열을 내려주는 효과가 있다. 더위 먹는 것을 예방하기 위해서 노지재배한 제철채소를 샌드위치에 활용해 보자.

LESSON 5 차가워도 맛있는 조합을 생각한다 | **샐러드 샌드위치**
LESSON 6 향신료와 허브로 개성을 살린다 | **에스닉풍 샌드위치**

LESSON 5

차가워도 맛있는 조합을 생각한다
샐러드 샌드위치

POINT
- 정통 조합이라도 날씨에 맞게 계절감을 살려서 만든다.
- 한여름이라면 '산뜻한 맛의 차가운 음식', 한겨울이라면 '깊고 진한 맛의 따뜻한 음식'이라고 단순하게 생각하는 것이 좋다.

STEP 1 재료를 선택한다

차가워도 맛있는 재료를 선택한다
여름은 빵을 잘 먹지 않는 계절이지만 산뜻한 샌드위치는 인기가 좋다. 차갑게 식히면 더 맛있어지는 샐러드 감각의 샌드위치를 만들어 보자.

'차가워도 맛있다'에서 생각해낸 '샐러드 샌드위치'를 조립한다.

마요네즈
빵과 여러 가지 재료의 조화를 돕는 정통 소스. 샐러드 샌드위치에 빼 놓을 수 없는 재료이다.

STEP 2 재료 사용 방법

샐러드의 맛을 살려주는 '포인트 재료'로 여름에 어울리는 맛을 더한다

a. 청량감
싱싱한 허브에는 상쾌한 향과 청량감이 있다. 1종류만 사용하거나 여러 종류를 조합해도 좋다.

차즈기

이탈리안 파슬리, 차빌, 딜

b. 신맛
산뜻한 신맛이 나는 조미료나 재료는 채소의 맛을 살려준다.

레몬   비네그레트 소스

우메보시 페이스트   크림치즈

c. 매운맛
톡 쏘는 매운맛이 포인트가 되어 식욕을 자극한다.

와사비   씨겨자

아욜리   검은 후추

STEP 3 메뉴를 재구성한다

'샐러드', '빵', '포인트 재료'를 조합하여 메뉴를 재구성한다

① 오리엔탈 샐러드 + 사각식빵 + a. 청량감[차즈기], b.신맛[우메보시 페이스트]
② 당근 샐러드 + 치아바타 + b. 신맛[비네그레트 소스, 크림치즈], c.매운맛[아욜리]
③ 연어 샐러드 + 곡물빵 + a. 청량감[이탈리안 파슬리, 챠빌, 딜], b.신맛[레몬]
④ 그린 샐러드 + 크루아상 + c. 매운맛[와사비, 씨겨자]
⑤ 시저 샐러드 + 통밀 둥근식빵 + b. 신맛[레몬], c.매운맛[검은 후추]

LESSON 5-①
오리엔탈 샐러드 샌드

정통 샌드위치 타입
규칙 C × [BLT] [티 샌드위치] 응용
+α 요소 오리엔탈 샐러드 + a. 청량감[차즈기] + b. 신맛[우메보시 페이스트]

Memo
차즈기 향과 우메보시의 새콤한 맛이 빵과 잘 어울린다.
동양풍의 맛이 신선한 샐러드 샌드위치.

재료 2개 분량
사각식빵(12mm) …… 4장
버터(무염) …… 9g
상추 …… 8g
차즈기 우메보시 & 컨트리로스트 샌드위치
　┌ 차즈기 …… 1장
　│ 컨트리로스트햄 …… 1장
　│ 대파 흰 부분(가늘게 채 썬 것) …… 4g
　└ 우메보시 페이스트 …… 2g
오리엔탈 토마토 샐러드 샌드위치
　┌ 토마토(10mm) …… 1장
　│ 간장 마요네즈 …… 10g
　│ 경수채 …… 15g
　└ 참깨 간 것 …… 1큰술

만드는 방법
1. '차즈기 우메보시 & 컨트리로스트 샌드위치'를 만든다. 사각식빵 1장은 한쪽면에 버터를 바르고, 다른 1장에는 우메보시 페이스트를 바른다.
2. 버터를 바른 빵에 차즈기, 상추, 컨트리로스트 햄, 대파 흰 부분을 순서대로 올린 다음, 우메보시 페이스트를 바른 빵으로 덮는다.
3. '오리엔탈 토마토 샐러드 샌드위치'를 만든다. 사각식빵 1장은 한 쪽면에 버터를 바르고 상추와 토마토를 올린 다음 간장 마요네즈를 뿌린다.
4. 위에 참깨 간 것을 뿌리고 빵 크기에 맞게 경수채를 올린 다음, 나머지 빵으로 덮는다.
5. 2와 4를 포개어 가장자리를 자르고 3등분한다.

LESSON 5-②
당근 라페 & 생햄 & 크림치즈 치아바타 샌드

정통 샌드위치 타입
규칙 B-1 × [파니노] 응용
+α 요소 당근 라페 + b. 신맛 [비네그레트 소스, 크림치즈]
　　　　　 c. 매운맛 [아욜리]

Memo
생햄과 루콜라로 만든 기본 파니노에 프랑스 정통 음식인 당근 라페와 크림치즈를 넣은 산뜻한 맛의 샐러드 샌드위치. 마늘향이 나는 아욜리가 포인트가 되어 식욕을 돋운다.

재료　1개 분량
치아바타 …… 1개
EXV 올리브유 …… 5g
슬라이스형 크림치즈 …… 15g
프로슈토 …… 1장
당근 라페 …… 15g
루콜라 …… 2g
아욜리 …… 2g

만드는 방법
1. 치아바타는 가로로 2등분한 다음, 자른 면에 EXV 올리브유를 바른다.
2. 아래쪽 빵에 얇게 썬 크림치즈, 프로슈토, 당근 라페, 루콜라를 순서대로 올리고, 위쪽 빵의 자른 면에 아욜리를 발라서 덮는다.

당근 라페_당근은 치즈 그레이터(치즈를 가는 강판)의 가장 굵은 칼날로 갈거나 채 썰어서 비네그레트 소스(p.61 참조)에 버무린다.

LESSON 5-③
연어 마리네이드 & 아보카도 샐러드 샌드

정통 샌드위치 타입
규칙 B-1 × [팡 바냐] 응용
+α 요소 a. 청량감[이탈리안 파슬리, 차빌, 딜] + b. 신맛[레몬]

Memo
여성들이 좋아하는 아보카도를 듬뿍 넣은 연어 샐러드 샌드위치. 허브향이 나는 마요네즈와 레몬의 새콤함이 상큼하다. 차갑게 식혀서 먹어야 맛있다.

재료 1개 분량
곡물빵(타원모양 / 12㎜ 두께로 V자 칼집) …… 1장
버터(무염) …… 4g
상추 …… 4g
써니양상추 …… 4g
훈제연어 …… 18g
아보카도 …… 1/4개
레몬즙 …… 적당량
소금, 흰 후추 …… 적당량
허브 마요네즈(p.75 참조) …… 8g
양파 마리네이드 …… 8g

만드는 방법
1. 아보카도는 얇게 썰어서 레몬즙을 뿌린 다음 소금과 흰 후추로 밑간을 한다.
2. 곡물빵은 자른 면에 버터를 바르고 상추, 써니양상추, 훈제연어, 아보카도를 순서대로 올린 다음, 허브 마요네즈를 뿌리고 양파 마리네이드를 올린다.

양파 마리네이드_양파를 얇게 썰어서 비네그레트 소스(p.61 참조)로 버무린다.

LESSON 5-④
크루아상 샐러드 샌드 2종

정통 샌드위치 타입
규칙 B-1 × [팡 바냐] 응용
+α 요소 c. 매운맛 [고추냉이, 씨겨자]

Memo
보기에도 푸짐하고 화려한 샐러드풍의 크루아상 샌드위치. 크루아상은 갓 구워낸 바삭한 식감을 즐기는 것이 좋지만, 채소와 함께 먹어도 맛있다. 차갑게 식히면 샐러드의 신선함을 즐길 수 있다.

재료 1개 분량
비프 파스트라미 & 양파 샐러드
- 크루아상(50g) …… 1개
- 버터(무염) …… 4g
- 상추 …… 5g
- 써니양상추 …… 5g
- 비프 파스트라미 …… 25g
- 고추냉이 마요네즈(p.229 참조) …… 8g
- 양파(얇게 썬 것) …… 8g
- 블랙 올리브 …… 2g

스파이시 살라미 & 샐러드
- 크루아상(50g) …… 1개
- 토마토 버터(p.215 참조) …… 6g
- 상추 …… 5g
- 써니양상추 …… 5g
- 스파이시 살라미 …… 3장
- 씨겨자 마요네즈(p.229 참조) …… 8g
- 파프리카(얇게 썬 것) …… 7g

만드는 방법
1. 크루아상은 가로로 칼집을 내고, 자른 면에 버터를 바른다.
2. 위의 순서대로 속재료를 끼워 넣는다.

LESSON 5-⑤
파프리카 치킨 시저 샐러드 샌드

정통 샌드위치 타입
규칙 B-2 × [BLT] 응용
+α 요소   b. 신맛 [레몬] + c. 매운맛 [검은 후추]

Memo
로메인 상추를 차갑게 식히면 아삭아삭한 식감을 살릴 수 있다. 시저 드레싱에서 느껴지는 새콤한 레몬맛과 검은 후추의 향이 식욕을 자극한다. 만들어서 바로 먹을 때는 따뜻한 빵에 차가운 샐러드를 넣어서 온도 차이를 즐겨보자.

재료 1개 분량
통밀 둥근식빵(15㎜) …… 2장
버터(무염) …… 6g
로메인 상추 …… 15g
시저 드레싱(p.70 참조) …… 7g
파르메산 치즈 …… 4g
파프리카(빨강, 노랑 / 17㎜ 폭의 막대모양으로 썬 것) …… 10g
파프리카 치킨(얇게 썬 것) …… 25g

만드는 방법
1. 통밀 둥근식빵은 살짝 구워서 한쪽면에 버터를 바른다.
2. 버터를 바른 면에 파프리카 치킨을 올리고 빨강 파프리카와 노랑 파프리카를 교대로 올린 다음 시저 드레싱과 파르메산 치즈를 뿌린다.
3. 로메인 상추를 빵 크기에 맞게 접어서 속재료 위에 올린 다음, 나머지 빵으로 덮는다. 빵의 가장자리를 자르고 3등분한다.

LESSON 6

향신료와 허브로 개성을 살린다
에스닉풍 샌드위치

POINT
- 허브의 청량감과 매콤한 맛은 더운 여름에 식욕을 돋우는 데 효과적이다.
- 향신료와 허브를 많이 사용하는 아시아, 중동, 중남미 등의 이국적인 요리를 응용하여 메뉴를 조립한다.

STEP 1 향신료와 허브를 선택한다

향신료
향신료의 매운맛과 향이 식욕을 자극한다. 검은 후추, 마늘, 카레가루, 고춧가루를 여름 메뉴에 활용해 보자.

갈릭 소시지 & 허브 소시지
향신료와 허브의 풍미를 살린 소시지는 그 자체로도 충분히 맛있다.

허브
허브를 듬뿍 사용하여 청량감을 살린다. 민트, 코리앤더 등 향이 강한 허브를 조합하여 개성 있는 맛을 낸다.

STEP 2 재료를 선택한다   에스닉 요리를 참고하여 재료를 선택한다

a. 살사 멕시카나(p.93 참조)
할라피뇨와 코리앤더가 포인트인 신선한 토마토 소스.

b. 과카몰리(p.94 참조)
라임향이 나는 아보카도딥. 코리앤더를 넣어도 좋다.

c. 고추장
매운맛과 단맛의 균형이 잘 맞아서 고기요리와 채소요리에 모두 잘 어울린다.

e. 탄두리치킨
향신료와 요구르트로 맛을 낸 것으로 시판 제품을 사용하면 간편하다.

d. 요구르트
중동과 남아시아 지역에서는 요구르트를 조미료로 사용한다.

STEP 3 메뉴를 조립한다   정통 메뉴에 '에스닉 재료'를 더하여 메뉴를 조립한다

① 부리토 + 허브 소시지 + a. 살사 멕시카나
② 부르스트브뢰첸 + 갈릭 소시지 + b. 과카몰리
③ 티 샌드위치 + 카레 마요네즈 + d. 요구르트(→탄두리치킨)
④ 반미 + 마늘 + c. 고추장
⑤ 팔라펠 + 민트, 마늘 + d. 요구르트

LESSON 6-① 허브 소시지를 넣은 샐러드풍 도그

정통 샌드위치 타입
규칙 B-1 × [부리토] 응용
+α요소 [허브 소시지] + a. 살사 멕시카나

Memo
작은 난에 부리토처럼 속재료를 듬뿍 올리고 살짝 말아 주면 먹기 편한 샌드위치가 된다.
바질, 마조람(부드러우면서 강한 향을 가진 허브), 오레가노가 들어간 허브 향 소시지에 살사 멕시카나를 더해서 샐러드처럼 즐길 수 있다.

재료 1개 분량
난(80g) …… 1개
버터(무염) …… 3g
상추 …… 4g
써니양상추 4g
허브 소시지(45g) …… 1개
토마토케첩 …… 7g
살사 멕시카나(p.93 참조) …… 10g

만드는 방법
1. 난의 속재료를 올릴 면에 버터를 바른다.
2. 1에 상추, 써니양상추, 구운 허브 소시지를 올리고 그 위에 토마토케첩과 살사 멕시카나를 순서대로 뿌린다.

LESSON 6-②
과카몰리 & 갈릭 소시지 도그

정통 샌드위치 타입
규칙 B-1 × [부르스트브뢴첸] 응용
+α 요소 [갈릭 소시지] + b. 과카몰리

Memo
맛이 강한 갈릭 소시지에 과카몰리와 잎채소를 넣어 샐러드 느낌을 더했다.
육즙이 풍부한 소시지를 산뜻하게 즐길 수 있다.

재료 1개 분량
브뢴첸(p.14 참조 / 45g) …… 1개
버터 …… 3g
상추 …… 3g
써니양상추 …… 3g
갈릭 소시지(40g) …… 1개
과카몰리(p.94 참조) …… 15g

만드는 방법
1. 브뢴첸은 위에서 세로로 칼집을 내고, 자른 면에 버터를 바른다.
2. 1에 상추, 써니양상추, 구운 갈릭 소시지를 순서대로 끼워 넣고, 소시지 위에 과카몰리를 올린다.

Summer LESSON 6

LESSON 6 - ③
탄두리치킨 & 호박 샌드위치
오이 & 치즈 샌드위치

정통 샌드위치 타입
규칙 C × [티 샌드위치] 응용
+α 요소 [카레 마요네즈] + d. 요구르트 (→탄두리치킨)

Memo
매콤한 치킨과 부드럽고 달콤한 호박은 궁합이 잘 맞는다. 오이 & 치즈 샌드위치를 더해서 각각의 개성을 살리고 맛의 균형을 맞췄다.

재료 1개 분량
탄두리 & 호박 샌드위치
- 통밀식빵(12㎜) …… 2장
- 버터(무염) …… 8g
- 호박(얇게 썰어서 튀긴 것) …… 45g
- 카레 마요네즈 …… 6g
- 탄두리치킨 …… 35g

카레 마요네즈_마요네즈 100g에 카레가루 1작은술을 넣고 섞는다.

오이 & 치즈 샌드위치
- 통밀식빵(12㎜) …… 2장
- 버터(무염) …… 8g
- 마리보 치즈(얇게 썬 것) …… 35g
- 마요네즈 …… 6g
- 오이(얇게 썬 것) …… 40g

만드는 방법
1. 통밀식빵은 한쪽면에 버터를 발라서 1장은 단호박을 올리고 카레 마요네즈를 뿌린 다음, 탄두리치킨을 올리고 나머지 식빵으로 덮는다.
2. 오이 & 치즈 샌드위치도 같은 방법으로 한쪽면에 버터를 발라서 1장은 마리보 치즈를 올리고 마요네즈를 뿌린 다음, 오이를 올리고 나머지 식빵으로 덮는다.
3. 1과 2를 포개어 가장자리를 잘라내고 알맞은 크기로 자른다.

불고기 & 나물 샌드위치

정통 샌드위치 타입
규칙 B-1 × [반미] 응용
+α 요소 [마늘] + c. 고추장

Memo
반미에서 아이디어를 얻은 불고기 샌드위치. 제대로 간이 밴 불고기와 고추장의 매운맛이 식욕을 자극한다. 참기름 향이 나는 나물로 균형을 맞추었다.

재료 1개 분량
소프트 타입의 프랑스빵 …… 1개
버터(무염) …… 6g
고추장 …… 3g
상추 …… 5g
불고기 …… 40g
3색 나물 …… 25g

만드는 방법 1개 분량
1. 소프트 타입의 프랑스빵은 가로로 칼집을 내고 자른 면에 버터를 바른 다음, 위쪽면에는 고추장을 덧바른다.
2. 1에 상추, 불고기, 3색 나물을 순서대로 넣는다.

불고기_쇠고기 300g을 양념(간장 1큰술, 설탕 1작은술, 다진 파 1큰술, 다진 마늘 1조각 분량, 참기름 1큰술)에 재워서 굽는다.

3색 나물_시금치 1단은 소금물에 살짝 데쳐서 3cm 길이로 자른다. 당근 1개는 3cm 길이로 채 썰고, 콩나물 1팩은 다듬어서 각각 끓는 물에 살짝 데친 다음 물기를 뺀다. 나물양념(물 3큰술, 참기름 3큰술, 깨소금 1큰술)을 잘 섞어서 물기를 짠 시금치와 당근, 콩나물을 넣고 무친다.

Summer **LESSON 6**

LESSON 6 - ⑤
훈제치킨 & 오이의 그리스풍 피타 샌드

정통 샌드위치 타입
규칙 B-1 × [팔라펠] 응용
+α 요소 [민트, 마늘] + d. 요구르트

Memo
그리스풍 샐러드 '자지키'를 응용한 것으로, 샐러드와 훈제치킨을 넣어서 여름에 어울리는 샌드위치. 요구르트는 물기를 제거해서 사용하는 것이 포인트.

재료 1개 분량
피타빵 …… 1/2개
버터(무염) …… 3g
상추 …… 4g
써니양상추 …… 4g
훈제치킨(얇게 썬 것) …… 25g
오이 & 요구르트 샐러드 …… 30g
방울토마토 …… 2개

만드는 방법 1개 분량
1. 피타빵은 주머니 모양으로 벌리고 안쪽면에 버터를 바른다.
2. 상추, 써니양상추, 훈제치킨을 순서대로 넣고 오이 & 요구르트 샐러드와 2등분한 방울토마토를 넣는다.

오이 & 요구르트 샐러드_오이 120g은 세로로 2등분하고 씨를 제거해서 4mm 두께로 어슷썰기한다. 소금으로 살짝 절인 다음 키친타월로 물기를 제거하고, 요구르트(물기제거) 40g, 다진 마늘 3g, 민트(채썰기) 3g을 섞어서 넣고 버무려서 소금과 흰 후추로 간을 한다.

가을 *Autumn*

요리와 와인에서 샌드위치를 생각한다

결실의 계절인 가을은 식욕의 계절이기도 하다. 음식 재료가 풍부하고 따뜻한 요리, 감칠맛 나는 요리가 맛있게 느껴진다. 가을의 식욕은 힘든 겨울을 준비하는 본능이라 할 수 있다. '맛있겠다!'는 느낌을 주는, 가을에만 느낄 수 있는 맛의 밸런스와 풍성함에 어울리는 샌드위치를 만들어 보자. 와인에 잘 어울리는 빵과 속재료의 조합을 찾아보는 것도 좋다. 계절이 깊어질수록 샌드위치로 느끼는 즐거움도 커질 것이다.

가을 샌드위치 재료

가을(9~11월)

채 소 _ 감자, 토란, 당근, 고구마, 양송이, 새송이버섯, 만가닥버섯, 잎새버섯, 표고버섯, 팽이버섯, 송이버섯, 은행 등

과 일 _ 무화과, 감, 모과, 석류, 포도, 사과, 감귤류, 유자 등

버섯의 경우 하우스재배가 많아서 제철이 따로 있는 것은 아니지만 가을에 어울리는 맛을 표현하기 좋고, 가을에 가장 많이 볼 수 있다. 또한, 가을은 과일의 계절이기도 하다. 무화과, 사과 등은 치즈나 생햄과 잘 어울린다.

LESSON 7   갓 구워서 제공한다 |핫 샌드위치
LESSON 8   빵과 잘 어울리는 요리를 이용한다 |구르메 샌드위치
LESSON 9   와인과 잘 어울리는 조합을 생각한다
　　　　　　|고급재료로 만든 미니 샌드위치

LESSON 7

갓 구워서 제공한다
핫 샌드위치

POINT
- 구우면 풍미와 향이 좋아지는 재료를 심플하게 조합한다.
- 부드럽게 녹은 치즈와 소스, 고소하고 바삭한 식감의 빵이 맛의 포인트.
- 오븐 토스터와 파니니 그릴 중 어느 것을 사용하는지에 따라서 식감과 맛이 달라진다.

STEP 1 재료를 선택한다

따뜻하게 데우면 더 맛있는 재료를 선택한다
기온이 내려가면 따뜻하고 진한 맛이 좋아진다. 치즈와 소스는 취향에 따라 여러 종류를 조합해도 좋다.

a. 치즈
구우면 녹아서 향이 좋아진다. 핫 샌드위치에 꼭 필요한 재료.

b. 베샤멜 소스
치즈와 조합하면 더 깊은 맛이 난다.

c. 에스카르고 버터
빵에 발라서 구우면 마늘과 파슬리 향이 퍼진다.

d. 버섯
가을에 어울리는 버섯은 구우면 감칠맛이 생긴다.

STEP 2 굽는 방법

오븐 토스터 또는 파니니 그릴 중 선택한다

오븐 토스터
오븐 토스터가 있으면 속재료를 올리고 그 위에 치즈나 소스를 뿌린 다음 그대로 구울 수 있다. 속재료와 빵의 종류에 구애받지 않는다.

파니니 그릴
파니니 그릴로 압착해서 구우면 빵과 속재료의 부피를 줄일 수 있다. 얇고 바삭하게 완성되어 먹기 편하다.

STEP 3 메뉴를 재구성한다

정통 메뉴에 '따뜻하게 데우면 맛있는 재료'와 '굽는 방법'을 조합해서 메뉴를 재구성한다

① 크로크 무슈 + a. 치즈, b. 베샤멜 소스 × [오븐 토스터]
② 파니노 + a. 치즈, b. 베샤멜 소스 d. 버섯 × [파니니 그릴]
③ 타르틴 + c. 에스카르고 버터, d. 버섯 × [파니니 그릴]
④ 파니노 + a. 치즈 × [오븐 토스터]

LESSON 7-①
라타투이 & 미트 소스를 넣은 라자니아풍 크로크 무슈

정통 샌드위치 타입
규칙 B-2 × [크로크 무슈] 응용
+α 요소 a. 치즈, b. 베샤멜 소스 × [오븐 토스터]

Memo
라타투이와 토마토 버터가 포인트인 그라탱 같은 크로크 무슈. 미트 소스와 베샤멜 소스를 조합하여 라자니아풍으로 완성한다.

재료 1개 분량
통밀식빵(15mm) …… 2장
토마토 버터(p.215 참조) …… 12g
라타투이(p.63 참조) …… 15g
미트 소스 …… 15g
베샤멜 소스(p.226 참조) …… 15g
슈레드 치즈(그뤼에르, 에멘탈 등 취향에 따라) …… 20g

만드는 방법
1. 통밀식빵은 살짝 구워서 1장은 한쪽면에, 다른 1장은 양쪽면에 토마토 버터를 바른다.
2. 한쪽면에 버터를 바른 빵 위에 라타투이, 미트 소스, 베샤멜 소스(분량의 1/2), 치즈(분량의 1/4)을 올리고 나머지 빵으로 덮는다. 그 위에 남은 베샤멜 소스를 바르고 남은 치즈를 올린다.
3. 2를 치즈가 녹아서 노릇노릇해질 때까지 구워서 알맞은 크기로 자른다.

LESSON 7-② 버섯크림 & 로스트치킨 파니노

정통 샌드위치 타입
규칙 B-1 × [파니노] 응용
+α 요소 a. 치즈, b. 베샤멜 소스, d. 버섯 × [파니니 그릴]

Memo
부드럽게 녹은 치즈와 버섯의 감칠맛이 배어 있는 소스가 로스트치킨과 잘 어울린다. 고소하게 구운 포카치오는 바삭해서 먹기 편하다.

재료   1개 분량
포카치오(10 × 10cm) …… 1장
버터(무염) …… 6g
로스트치킨(얇게 썬 것 / p.75 참조) …… 30g
버섯 소스 …… 30g
슈레드 치즈(그뤼에르, 에멘탈 등 취향에 따라) …… 10g

만드는 방법
1. 포카치오는 가로로 2등분하고 자른 면에 버터를 바른다.
2. 1에 로스트치킨, 버섯 소스, 슈레드 치즈를 넣고 파니니 그릴로 굽는다.

버섯소스_양송이, 새송이, 만가닥버섯, 표고버섯 각 1팩은 밑동을 제거하고 작게 자른다. 프라이팬에 버터 15g(무염)을 녹인 다음, 강한 불로 버섯을 볶다가 소금과 흰 후추로 간을 한다. 베샤멜 소스(p.226 참조) 100g을 넣고 한소끔 끓인 다음, 굵게 간 검은 후추를 뿌린다.

LESSON 7-③
양송이 & 에스카르고 버터 타르틴

Memo
양송이를 얇게 썰어서 올리고 파니니 그릴로 구운 심플한 타르틴. 바삭한 타르틴을 한입 베어 물면 에스카르고 버터의 향과 양송이의 감칠맛이 입안 가득 퍼진다.

재료 1개 분량
팽 드 캉파뉴(12mm) …… 1개
에스카르고 버터(p.215 참조) …… 7g
양송이(큰 것) …… 2개

만드는 방법
1. 팽 드 캉파뉴에 에스카르고 버터를 바른다.
2. 5등분한 양송이를 1에 올리고 파니니 그릴로 노릇노릇하게 굽는다.

정통 샌드위치 타입
규칙 B-1 × [타르틴] 응용
+α 요소 c. 에스카르고 버터, d. 버섯 × [파니니 그릴]

LESSON 7-④
햄치즈 잉글리시 머핀 샌드

Memo
아침식사의 단골메뉴라고 할 수 있는 조합. 심플하기 때문에 햄과 치즈는 반드시 좋은 품질을 사용한다.

재료 1개 분량
잉글리시 머핀(70g) …… 1개
로스햄 …… 1장
마리보 치즈(얇게 썬 것) …… 1장
검은 후추 …… 적당량

만드는 방법
1. 잉글리시 머핀은 포크를 이용해서 위아래로 반을 가른다.
2. 아래쪽 머핀에는 로스햄과 마리보 치즈를 올리고 위쪽 머핀은 자른 면이 위로 오게 놓은 다음, 오븐 토스터에 넣어서 치즈가 녹을 때까지 굽는다.
3. 접시에 올리고 치즈 위에 굵게 간 검은 후추를 뿌린 다음, 위쪽 머핀으로 덮는다.

정통 샌드위치 타입
규칙 B-1 × [파니노] 응용
+α 요소 a. 치즈 × [오븐 토스터]

LESSON 8

빵과 잘 어울리는 요리를 이용한다
구르메 샌드위치

POINT
- 식욕의 계절 가을에 어울리는 구루메 샌드위치를 생각한다.
- 이 책에서는 유럽의 지방요리에서 아이디어를 얻었다.
- 요리를 그대로 재현하지 않아도 요리의 요소를 샌드위치에 도입하는 것으로 충분하다.

STEP 1 주제를 생각한다   식욕의 계절 가을에 어울리는 구루메 샌드위치를 만든다

샌드위치는 점심 또는 가벼운 식사의 이미지가 강하지만 여기서는 저녁으로 먹어도 손색없는 요리에 가까운 샌드위치를 만들고자 한다. 유럽의 소박한 지방 요리에서부터 시작하여 생각의 폭을 넓혀보자. 프랑스, 이탈리아, 스페인을 중심으로 빵에 어울리는 메뉴를 찾아보는 것도 좋다. 조림, 샐러드, 달걀요리는 빵에 잘 어울리기 때문에 샌드위치에 응용하기 좋다. 여행지나 레스토랑에서 먹어본 요리나 재료의 조합에서 아이디어를 얻는 것도 좋다.

STEP 2 요리를 선택한다   빵에 어울리는 유럽의 지방요리를 선택한다
빵에 잘 어울리는 조림요리, 샐러드, 달걀요리를 중심으로 요리를 선택하여 샌드위치에 응용한다.

a. 알자스풍 슈쿠르트
choucroute a l'alsacienne
돼지고기와 베이컨, 소시지, 양배추 절임을 뭉근히 끓인 프랑스 알자스 지방의 전통적인 냄비요리. 머스터드를 듬뿍 곁들여서 빵에 넣는다.

b. 피페라드
piperade
프랑스 남서부 바스크 지방의 가정요리로 피망, 토마토, 양파, 마늘을 넣고 조린 것. 달걀과 생햄을 넣기도 한다. 특산품인 고춧가루가 포인트가 되어 빵과 잘 어울린다.

c. 스페인풍 오믈렛
tortilla
속재료를 듬뿍 넣은 스페인풍 오믈렛 '토르티야'는 핫케이크처럼 단단하게 굽는 것이 특징이다. 감자와 양파, 시금치가 기본 재료.

d. 리용풍 샐러드
salade lyonnaise
프랑스 리용 지방의 샐러드로 그린 샐러드에 크루통, 수란, 베이컨을 올린다. 반숙한 달걀노른자와 비네그레트 소스가 크루통과 잘 어울린다.

STEP 3 메뉴를 재구성한다   빵과 '유럽의 지방요리'를 조합하여 메뉴를 재구성한다

① 바게트   +   a. 알자스풍 슈쿠르트
② 잉글리시 머핀 +   b. 피페라드
③ 포카치오   +   c. 스페인풍 오믈렛
④ 통밀 사각식빵 +   d. 리용풍 샐러드

Autumn **LESSON 8**

LESSON 8-①
슈쿠르트 샌드위치

정통 샌드위치 타입
규칙 B-1 × [바게트 샌드위치] 응용
+α 요소 a. 알자스풍 슈쿠르트

Memo
프랑스 알자스 지방의 전통 요리인 '슈쿠르트'는 돼지고기의 감칠맛과 소금에 절인 양배추의 신맛이 조화를 이루는 소박한 음식이다. 뜨거운 슈쿠르트를 바타르 사이에 넣고 디종 머스터드를 듬뿍 올려서 먹는다.

재료 1개 분량
바타르(2cm 두께로 V자 칼집) …… 1장
버터(무염) …… 5g
디종 머스터드 …… 적당량
슈쿠르트 재료
┌ 사워크라우트 …… 25g
│ 당근 …… 25g
│ 돼지고기 등심(얇게 썬 것) …… 25g
│ 또는 소시지 …… 1/2개
└ 베이컨(얇게 썬 것) …… 25g

만드는 방법
1. 바타르는 칼집을 낸 안쪽면에 버터를 바른다.
2. 슈쿠르트 재료를 따뜻하게 데워서 1에 넣고 디종 머스터드를 곁들인다.

슈쿠르트_돼지고기 등심 500g에 소금과 흰 후추를 뿌려서 밑간을 하고 랩을 씌워서 냉장고에 넣고 하룻밤 재운다. 달군 냄비에 돼지고기 등심을 살짝 구워서 접시에 덜어놓고, 냄비에 남아 있는 기름으로 채 썬 양파 1/2개, 얇게 저민 당근 1/2개, 물에 살짝 씻어서 물기를 짠 사워크라우트 200g을 넣고 볶는다. 물 300㎖, 치킨스톡 1작은술, 주니퍼 베리(달면서 얼얼한 느낌이 나는 열매) 5개, 월계수잎 1장, 돼지고기 등심, 베이컨(덩어리) 200g을 넣고 약한 불로 1시간 정도 조린다.

*
슈쿠르트는 독일의 사워크라우트와 같은 것으로 양배추를 식초에 절인 것 또는 그것을 넣고 조린 요리를 말한다.

LESSON 8-②
에그 베네딕트풍 피페라드

정통 샌드위치 타입
규칙 B-1 × [에그 베네딕트]응용
+α 요소 b. 피페라드

Memo
바삭하게 구운 잉글리시 머핀에 달걀을 넣은 피페라드와 초리소를 듬뿍 올린다. 에그 베네틱트를 응용한 것으로 와인에 어울리는 어른용 구루메 샌드위치.

재료 1개 분량
잉글리시 머핀(70g) …… 1개
피페라드 …… 80g
달걀 …… 1개
초리소(얇게 썬 것) …… 2장
에스플레트 고춧가루(p.227 참조) …… 적당량
소금, 흰 후추 …… 적당량

만드는 방법
1. 피페라드를 프라이팬에 데워서 볼에 넣고 푼 다음, 소금과 흰 후추로 간을 한 달걀을 넣어 반숙으로 익힌다.
2. 가로로 2등분한 잉글리시 머핀을 구워서 1과 5㎜ 두께로 자른 초리소를 올리고 에스플레트 고춧가루를 뿌린다.

피페라드_파프리카(빨강, 노랑, 녹색 각 1개)는 씨와 안쪽의 흰 부분을 제거하고 5㎜ 폭으로 자른다. 양파 1개는 결대로 얇게 썰고, 토마토 500g은 작게 깍둑썰기한다. 마늘 2쪽은 잘게 다져서 프라이팬에 올리브유 2큰술, 생햄 1장을 함께 넣고 향이 날 때까지 볶는다. 파프리카와 양파를 넣고 계속 볶다가 양파가 투명해지면 토마토를 넣고 소금과 흰 후추로 살짝 간을 한 다음, 올리브유 2큰술을 넣고 계속 볶는다. 물기가 없어지면 에스플레트 고춧가루를 조금 넣고 소금과 흰 후추로 간을 한다.

초리소_돼지고기를 마늘, 칠리 파우더, 향신료 등으로 맛을 내서 말리거나 훈연한 소시지.

Autumn **LESSON 8**

LESSON 8-③ 스페인풍 오믈렛 샌드

정통 샌드위치 타입
규칙 B-1 × [파니노] 응용
+α 요소 c. 스페인풍 오믈렛

재료 1개 분량
포카치오 (60g) …… 1개
올리브유 …… 4g
상추 …… 5g
토르티야(스페인풍 오믈렛) …… 1/3장
코르니슝, 블랙 올리브 …… 각 1개

만드는 방법
1. 포카치오는 가로로 2등분하고 자른 면에 올리브유를 바른다.
2. 1에 상추와 2등분한 토르티야를 끼워 넣고, 코르니슝과 블랙 올리브를 꼬치에 꽂아 빵 위에 꽂는다.

토르티야(Tortilla)_시금치 50g은 소금물에 살짝 데쳐서 찬물에 헹군 다음, 3cm 길이로 자른다. 감자 70g은 5mm 두께로 자르고 양파 30g은 얇게 썬다. 프라이팬에 올리브유를 두르고 감자와 양파를 튀기듯이 볶은 다음 소금으로 살짝 간을 한다. 볼에 달걀 2개를 깨서 넣고 소금과 흰 후추로 간을 한 다음, 10mm 두께로 둥글게 썬 매운맛 소시지 40g과 시금치, 감자, 양파를 넣고 섞는다. 올리브유를 두른 작은 프라이팬에 달걀물을 부어서 처음에는 살짝 저으면서 굽다가 겉이 단단해지면 뒤집어서 양쪽면이 모두 노릇노릇하게 익을 때까지 굽는다.

Memo
여러 가지 재료가 푸짐하게 들어간 스페인 오믈렛은 넣는 재료에 따라 다양하게 응용할 수 있다. 기본 재료인 감자, 양파, 시금치에 매운맛 소시지를 더하면 맛의 균형이 잘 맞는다. 빵 크기에 맞게 오믈렛의 크기와 부피를 조절한다.

LESSON 8-④ 리용풍 샐러드 토스트 샌드

정통 샌드위치 타입
규칙 B-2 × [BLT] 응용
+α 요소 d. 리용풍 샐러드

재료 1개 분량
통밀 사각식빵(15mm) …… 2장
에스카르고 버터(p.215 참조) …… 10g
그린 샐러드(엔다이브, 써니양상추, 상추) …… 25g
비네그레트 소스(p.61 참조) …… 20g
수란 …… 1개
베이컨(8mm) …… 1/2장
소금, 검은 후추, 파슬리 …… 적당량

만드는 방법
1. 통밀 사각식빵은 한쪽면에 에스카르고 버터를 발라서 살짝 굽는다.
2. 직사각형으로 모양으로 자른 베이컨은 프라이팬에 구워서 키친타월로 기름기를 제거한다.
3. 접시에 1의 빵을 1장 올려서 소금과 흰 후추를 살짝 뿌린 다음, 비네그레트 소스 분량의 1/2을 넣고 버무린 그린 샐러드와 수란, 2의 베이컨을 순서대로 올리고 나머지 비네그레트 소스를 뿌린다. 수란 위에 소금, 검은 후추, 파슬리를 뿌리고 나머지 식빵으로 덮는다.

Memo
작은 크루통 대신 구운 식빵에 샐러드를 넣는다. 빵에 에스카르고 버터를 발라서 구우면 풍미가 더 좋아진다. 탄숙으로 익힌 달걀노른자와 비네그레트 소스를 빵에 묻혀서 먹으면 맛있다.

LESSON 9

와인과 잘 어울리는 조합을 생각한다
고급재료로 만든 미니 샌드위치

POINT
- 와인을 마실 기회가 많아지는 시기에 와인과 잘 어울리는 샌드위치를 준비한다.
- 상황을 고려해서 먹기 좋은 크기와 어울리는 맛으로 조합한다.
- 크기가 작은 만큼 재료의 질이 중요하다.

STEP 1 주제를 생각한다

와인에 어울리는 샌드위치를 만든다
보졸레누보의 출시일부터 연말연시에 걸쳐서 와인을 즐길 일이 많아진다. 질 좋은 치즈와 육가공품 등을 심플하게 조합하여 이 시기에 어울리는 샌드위치를 만들어 보자. 한입 크기의 샌드위치 속에 제대로 된 맛을 담는 것이 중요하다.

STEP 2 재료를 선택한다

와인에 잘 어울리는 고급재료를 선택한다
질 좋은 치즈와 육가공품을 주재료로 하고, 과일과 그 밖의 재료로 포인트를 주었다. 한입만 먹어도 감칠맛, 신맛, 단맛, 매운맛, 향 등 여러 가지 맛의 요소를 느낄 수 있어서 만족도가 높아진다.

a. 치즈
와인의 맛을 살려주는 치즈는 조합에 따라 에피타이저가 되거나 디저트가 되기도 한다. 과일과 견과류, 꿀 등을 곁들이면 좋다.

 +

b. 과일
날것이나 말린 것, 잼 등 과일은 치즈와 잘 어울린다. 견과류와 꿀, 민트 등을 더해도 좋다.

c. 육가공품
리예트와 햄, 살라미 등의 육가공품은 그 자체로도 훌륭한 맛으로 와인과 잘 어울리지만 치즈와 조합해도 좋다.

 +

d. 포인트 재료
허브와 향신료, 머스터드 등을 더하면 전체적으로 균형이 잘 맞는다. 한입 크기의 작은 샌드위치이기 때문에 포인트를 제대로 살려야 한다.

STEP 3 메뉴를 재구성한다

'에피타이저', '메인', '디저트'라는 3개의 주제로 재료와 빵을 조합한다

① 에피타이저
신맛이 있는 치즈와 살라미, 생햄, 훈제연어 등을 주재료로 사용한다.
부담없이 즐기는 에피타이저에 신맛과 매운맛으로 포인트를 준다.

② 메인
제대로 만든 육가공품을 주재료로 사용하고, 포인트 재료를 조합한다. 따뜻한 메뉴도 좋다.

③ 디저트
깊은 맛이 있는 치즈에 과일과 꿀의 단맛을 더해 디저트풍으로 조합한다.
치즈의 짠맛과 대비되는 맛을 즐겨보자.

Autumn **LESSON 9**

LESSON 9 - ①
에피타이저 미니 샌드위치

Memo
스파클링 와인이나 산뜻한 화이트와인에 잘 어울리는 조합. 신맛과 매운맛으로 포인트를 주어 식욕을 자극한다.

훈제연어 & 샤워크림 (사진 아래)
품퍼니켈에 듬뿍 바른 크림치즈와 토핑한 사워크림이 훈제연어와 호밀빵의 향이 조화를 이루게 한다.

재료 1개 분량
품퍼니켈(5mm) …… 1/4장
크림치즈 …… 8g
연어 마리네이드 …… 12g
사워크림 …… 8g
레몬, 딜, 차이브 …… 적당량
소금, 흰 후추 …… 적당량

만드는 방법
1. 품퍼니켈은 한쪽면에 크림치즈를 바르고, 연어 마리네이드를 올린다.
2. 1에 사워크림, 레몬, 딜, 차이브를 올리고, 사워크림 위에 소금과 흰 후추를 뿌린다.

빵을 넣은 라타투이 카나페 (사진 오른쪽위)
엔다이브 위에 라타투이와 빵을 올린 빵 샐러드라고 할 수 있는데, 빵을 속재료로 사용한 역발상이 흥미롭다.

재료 1개 분량
호밀 크루통 …… 15g
  팽 오 세글(p.13 참조)을 5㎜ 두께로 깍둑썰기해서 오븐에 바삭하게 굽는다.
라타투이(p.63 참조) …… 15g, 엔다이브 …… 1장
초리소 …… 1/2장, 블랙올리브 …… 1/2개, 루콜라 …… 적당량

만드는 방법
1. 호밀 크루통과 라타투이를 섞는다.
2. 엔다이브에 초리소를 올리고 그 위에 1과 블랙 올리브를 올린 다음 루콜라를 얹는다.

생 모르 & 믹스베리 꿀마리네이드 (사진 왼쪽위)
셰이블 치즈만의 신맛, 베리의 새콤함, 꿀의 단맛이 스파클링 와인과 잘 어울린다.

재료 1개 분량
호두호밀빵(10mm) …… 1장, 버터(무염) …… 2g
생 모르 더 투렌(p.221 참조) …… 10g
믹스베리 꿀마리네이드 …… 6g, 민트 …… 적당량

만드는 방법
1. 호두가 들어간 호밀빵의 한쪽면에 버터를 바른다.
2. 1에 생 모르 더 투렌, 믹스베리 꿀마리네이드를 올리고 민트를 곁들인다.

믹스베리 꿀마리네이드_냉동 믹스베리에 같은 비율의 꿀을 넣고 섞는다.

LESSON 9-②
주메뉴 미니 샌드위치

Memo
육가공품을 주재료 사용하여 감칠맛을 즐길 수 있는 조합. 화이트와인이나 진한 레드와인과도 잘 어울린다.

감자 & 라클레테 (사진 왼쪽아래)
알프스의 겨울요리, 라클레테를 이용한 뜨거운 타르틴. 부드럽게 녹아내린 치즈가 맛의 포인트.

재료 1개 분량
팽 오 세글(p.13 참조 / 10mm) …… 1장
버터(무염) …… 2g
감자 …… 20g
라클레테 …… 15g
베이컨(8mm) …… 1/3장
파슬리 …… 적당량
소금, 흰 후추 …… 적당량

만드는 방법
1. 팽 오 세글을 살짝 구워서 버터를 바른다.
2. 감자는 5mm 두께로 썰어서 올리브유를 두르고 굽고, 소금과 흰 후추를 살짝 뿌린다. 베이컨도 구워서 키친타월로 기름기를 제거한다.
3. 1에 2의 감자와 베이컨을 올리고, 프라이팬에 녹인 라클레테와 파슬리를 뿌린다.

라클레테(Raclette)_스위스 발레지방에서 만드는 치즈로, 우유를 압착해서 숙성한 세미하드 치즈.

푸아그라 & 무화과 잼 브리오슈 샌드 (사진 위)
푸아그라와 브리오슈는 환상의 조합. 무화과 잼과 잘 어울린다.

재료 1개 분량
브리오슈 낭테르(p.14 참조 / 12mm) …… 2장
버터(무염) …… 4g
푸아그라 패티 …… 35g
무화과 잼 …… 20g
검은 후추 …… 적당량

만드는 방법
1. 브리오슈 낭테르의 한쪽면에 버터를 바르고 푸아그라 패티와 무화과 잼을 올린다.
2. 가장자리를 잘라내고 한입 크기로 자른 다음 굵게 간 검은 후추를 뿌린다.

리예트 & 셀러리 마리네이드 (사진 오른쪽)
리예트와 디종 머스터드에는 셀러리악과 코르니숑의 신맛이 잘 어울린다. 와인과 잘 어울리는 조합.

재료 1개 분량
피셀빵(p.106 참조 / 어슷썰기 / 12mm) …… 1장
버터(무염) …… 2g
리예트(p.53 참조) …… 12g
셀러리악(셀러리의 일종) 마리네이드 …… 3g
디종 머스터드 …… 2g, 차빌 …… 적당량
코르니숑 …… 1/2개

만드는 방법
1. 피셀빵은 한쪽면에 버터를 바르고 리예트를 덧바른다.
2. 디종 머스터드, 셀러리악 마리네이드, 2등분한 코르니숑을 순서대로 올린 다음 차빌을 얹는다.

Autumn **LESSON 9**

LESSON 9-③
디저트 미니 샌드위치

Memo
과일과 견과류, 치즈를 조합한 디저트 느낌의 샌드위치.
식사의 마무리로 와인과 함께 먹으면 좋다.

카망베르 & 사과 (사진 왼쪽)
흰곰팡이 치즈와 사과는 정통적인 조합.
살짝 구우면 풍미가 더해진다.
재료 1개 분량
호두 & 건포도 호밀빵(10mm) …… 1개
카망베르 치즈 …… 20g
사과(3mm / 얇게 썬 것) …… 3~4조각
라즈베리 잼 …… 3g
호두(구워서 잘게 다진 것) …… 적당량

만드는 방법
1. 호두 & 건포도 호밀빵에 버터를 바르고, 사과와 카망베르 치즈를 보기 좋게 올려서 살짝 굽는다.
2. 1의 카망베르 치즈가 녹고 사과가 부드러워지면 오븐 토스터에서 꺼내고 라즈베리 잼과 호두를 올린다.

로크포르 & 견과류 꿀절임 (사진 오른쪽위)
푸른곰팡이 치즈와 꿀은 정통적인 조합.
견과류의 향과 식감이 좋은 포인트가 된다.
재료 1개 분량
호두호밀빵(10mm) …… 1장, 버터(무염) …… 3g
로크포르 치즈(p.218 참조) …… 10g
견과류 꿀절임(p.86 참조) …… 10g

만드는 방법
1. 호두 호밀빵 한쪽면에 버터를 바른다.
2. 1에 로크포르 치즈와 견과류 꿀절임을 올린다.

브리야 사바랭 & 말린 과일 (사진 오른쪽아래)
크림처럼 부드러운 브리야 사바랭 아피네는 그대로 먹어도 디저트가 된다. 은은한 단맛이 팽 오 레와 잘 어울린다.
재료 1개 분량
팽 오 레(작고 둥근 모양 / 12mm) …… 1장
버터(무염) …… 2g, 민트 …… 적당량
브리야 사바랭 아피네(p.217 참조) …… 15g
말린 과일 레드와인 콩포트 (p.161 참조) …… 8g

만드는 방법
1. 팽 오 레에 버터를 바른다.
2. 1에 브리야 사바랭 아피네, 말린 과일 레드와인 콩포트를 올리고 민트로 장식한다.

브리야 사바랭 아피네(Brillat Savarin Affine)_프랑스 노르망디 지방에서 생산되는 부드러운 흰곰팡이 치즈.

팽 오 레_물 대신 우유를 넣어서 만든 빵.

겨울 *Winter*

특별한 날에도, 일상의 날에도 샌드위치를 즐긴다

본격적인 추위와 함께 홀리데이 시즌이 찾아온다. 이 시기에는 홈파티를 여는 사람도 많아서 파티 샌드위치를 많이 찾는다. 좀 더 다양한 샌드위치 메뉴를 개발하여 여러 가지 모임에서 활용해 보자. 또, 새해를 맞이하여 차분해지는 시기에는 겨울채소를 활용해서 오리엔탈 샌드위치를 만들어 보는 것도 좋다.

겨울 샌드위치 재료

겨울(12~2월)

채 소 _ 연근, 미나리, 토란, 우엉, 배추, 무, 브로콜리, 콜리플라워, 시금치, 소송채, 파, 생강, 순무, 쑥갓, 양배추, 완두콩 등

과 일 _ 귤, 키위, 금귤, 오렌지, 사과, 딸기 등

겨울에 제맛이 나는 뿌리채소는 몸을 따뜻하게 해주는 효과가 있다. 다양한 요리 방법으로 여러 가지 조합을 즐겨보자.

LESSON 10 파티 메뉴를 생각한다 | **파티 샌드위치**
LESSON 11 동양 식재료를 사용한다 | **오리엔탈 샌드위치**

LESSON 10

파티 메뉴를 생각한다
파티 샌드위치

POINT
- 대상과 상황을 명확하게 정하면 메뉴의 폭이 넓어진다.
- 파티 시즌이 시작되기 전에 일찍 정하는 것이 중요하다.
- 즐거운 마음으로 여러 가지 스타일을 생각해 보자.

STEP 1 콘셉트를 정한다 파티 장면을 머릿속에 그리면서 메뉴의 콘셉트를 정한다

홀리데이 시즌이 가까워지면 파티 샌드위치의 인기가 높아진다. 샌드위치 자체는 새롭게 개발하지 않아도 정통 샌드위치의 조합이나 담는 방법을 활용하여 다양하게 응용할 수 있다. 여기서 가장 중요한 것은 샌드위치를 누가, 어떤 목적으로 사용하는가이다. 인원 수, 구성원, 곁들이는 음료 등 실제 파티 장면을 머릿속에 그리면서 기본 콘셉트를 정해보자.

a. 정통 샌드위치 플레이트   b. 어른용 파티 샌드위치   c. 어린이용 파티 샌드위치

STEP 2 담는 그릇과 빵을 선택한다 콘셉트에 맞는 빵과 접시를 선택한다

접시
정통 샌드위치도 담는 그릇이나 담는 방법에 따라 느낌이 달라진다.

빵
빵 크기와 모양에 변화를 주어 응용의 폭을 넓힌다.

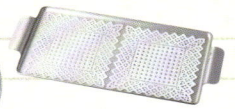

일반적인 캉파뉴   작은 빵

A. B. 담는 그릇의 크기와 형태에 맞춰서 샌드위치를 보기 좋게 담는다.

C. 어린이 파티일 경우 다양한 색깔의 유산지와 꼬치 등을 이용하여 즐거운 분위기를 연출한다.

D. 와인과 함께 먹으면 좋은 타르틴은 작은 빵을 이용해서 한입 크기로 만든다.

E. F. 파티 분위기에 어울리는 팽 쉬르프리즈는 다양한 모양으로 만들면 좋다.

STEP 3 메뉴를 재구성한다 '콘셉트', '빵', '그릇'을 조합하여 메뉴를 정한다

① b. 어른용 파티 샌드위치 + [빵] → D. 한입 크기의 빵
② a. 정통 샌드위치 플레이트 + [그릇] → A. 타원형 접시
③ a. 정통 샌드위치 플레이트 + [그릇] → B. 직사각형 접시
④ c. 어린이용 파티 샌드위치 + [그릇] → C. 유산지, 꼬치
⑤ b. 어른용 파티 샌드위치 + [빵] → E. 팽 쉬르프리즈
⑤ b. 어른용 파티 샌드위치 + [빵] → F. 팽 쉬르프리즈

Winter LESSON 10

LESSON 10-①
와인과 어울리는 핀초스풍 샌드위치

정통 샌드위치 타입
규칙 B-1 × [타르틴] 응용
+α 요소 b. 어른용 파티 샌드위치 + [빵] → D. 한입 크기의 빵

Memo
핀초스(Pintxos)는 스페인 핑거푸드의 일종. 한입 크기의 빵에 다양한 재료를 올린 다음 꼬치에 꽂아서 만드는 스타일이 파티 분위기에 어울린다. 여기서는 타르틴을 응용해서 고급 치즈와 육가공품을 조합하고, 견과류와 말린 과일이 들어간 빵을 사용하여 크기는 작지만 깊은 맛이 있는 샌드위치를 만들었다.

오른쪽 아래부터 시계방향으로
① 말린 무화과 호밀빵, 버터(무염), 푸른 당베르, 블루베리잼
② 호두호밀빵, 버터(무염), 사과, 카망베르, 라즈베리잼
③ 슈톨렌, 마스카르포네 치즈, 꿀
④ 씨 없는 건포도를 넣은 호밀빵, 허브 크림치즈, 훈제연어, 아보카도(레몬즙, 소금, 흰 후추로 절인 것), 방울토마토, 차빌
⑤ 미니 바게트, 돼지고기 리예트(p.53 참조), 디종 머스터드, 코르니숑
⑥ 호두 & 건포도 호밀빵, 버터(무염), 감자구이, 묑스테르 치즈, 커민
⑦ 건포도, 오렌지, 호두호밀빵, 버터(무염), 화이트 본레스 햄, 디종 머스터드, 미몰레트 치즈
⑧ 미니 바게트, 버터(무염), 엔다이브, 크로탱 드 샤비뇰, 생베이컨, 비네그레트 소스

*
크로탱 드 샤비뇰 치즈를 생베이컨으로 말아서 프라이팬에 구운 다음 올린다.
⑨ 크랜베리와 마카다미아를 넣은 프랑스빵, 버터(무염), 프로슈토, 무화과, 페코리노 로마노

슈톨렌(Stollen)_견과류와 과일을 넣어서 만든 달콤한 독일빵.
묑스테르(Munster) 치즈_우유를 소금물로 문지르며 숙성시킨 치즈.
미몰레트(Mimolette) 치즈_주황색을 띤 공모양의 세미하드 치즈.
크로탱 드 샤비뇰(Crottin de Chavignol) 치즈_염소젖으로 만든 작은 북 모양의 치즈.
페코리노 로마노(Pecorino Romano) 치즈_양젖을 가열하여 응고시킨 뒤 압착한 치즈.

LESSON 10 - ②
타원형 접시에 담은 파티 샌드위치

정통 샌드위치 타입
규칙 C × [티 샌드위치] 응용
+α 요소 a. 정통 샌드위치 플레이트 + [그릇] → A. 타원형 접시

Memo
기본 티 샌드위치는 먹기 편할 뿐 아니라 남녀노소가 모두 좋아하는 파티 샌드위치의 단골메뉴이다. 재료가 간단하기 때문에 속재료와 맛의 균형에 더 신경을 써야 한다. 피클과 챠빌, 파슬리 등의 허브로 색을 더하면 파티 느낌이 살아난다. 접시 크기와 모양에 맞춰서 보기 좋게 담아보자.

정통 파티 샌드위치의 POINT
빵_색과 맛이 다른 여러 종류의 빵을 사용하면 더 다채로워 보인다. 간단한 조합이라도 빵에 어울리는 버터를 바르면 풍미가 더해져서 한 입만 먹어도 깊은 맛을 느낄 수 있다.
보존성_파티가 진행되는 동안 테이블에 계속 놓여 있을 것을 고려해서 물기가 생기기 쉬운 재료는 사용하지 않는다.
조합_한 접시에 모두 담을 수 있도록 양을 조절한다(여기서는 6개의 샌드위치를 각각 6등분하여 담았다).

재료
① 사각식빵, 안초비 버터, 달걀 샐러드, 상추
② 사각식빵(호밀), 레몬 버터, 훈제연어, 케이퍼, 양상추
③ 사각식빵(호박), 토마토 버터, 본레스 햄, 양상추
④ 사각식빵(현미), 블루치즈 버터, 오이, 슬라이스 치즈
⑤ 사각식빵, 크림치즈, 마멀레이드
⑥ 브리오슈 낭테르, 푸아그라 패티, 무화과 잼, 검은 후추

*
안초비 버터, 레몬 버터, 토마토 버터, 블루치즈 버터의 레시피는 p.215를 참조한다.

Winter **LESSON 10**

LESSON 10 - ③
직사각형 접시에 담은 파티 샌드위치

정통 샌드위치 타입
규칙 C × [티 샌드위치] 응용
규칙 A × [바게트 샌드위치] 응용
+α 요소 a. 정통 샌드위치 플레이트 + [그릇] → B. 직사각형 접시

Memo
직사각형 접시는 타원형 접시보다 담기 편하지만, 티 샌드위치만으로는 단조로운 느낌을 줄 수 있다. 여기서는 피셀 샌드위치를 더해서 단조로움을 피하고 맛에도 변화를 주었다.

재료
① 사각식빵, 안초비 버터, 달걀 샐러드, 상추
② 사각식빵(호밀빵), 레몬 버터, 훈제연어, 케이퍼, 상추
③ 사각식빵(호박), 토마토 버터, 본레스 햄, 상추
④ 사각식빵(현미), 블루치즈 버터, 오이, 슬라이스 치즈
⑤ 피셀, 버터(무염), 생햄, 루콜라, 세미드라이 토마토, 파르메산 치즈
⑥ 피셀, 버터(무염), 브리 치즈, 라즈베리잼, 구운 호두
⑦ 피셀, 버터(무염), 돼지고기 리예트(p.53 참조), 디종 머스터드, 코르니숑

*
안초비 버터, 레몬 버터, 토마토 버터, 블루치즈 버터의 레시피는 p.215를 참조한다.

브리 치즈_우유로 만든 부드러운 치즈로 '치즈의 왕'이라고 불린다.

LESSON 10-④
키즈 파티 샌드위치

정통 샌드위치 타입
규칙 C × [티 샌드위치] 응용
규칙 B-1 × [곳페빵 샌드위치] 응용
+α 요소 c. 어린이용 파티 샌드위치 + [그릇] → C. 유산지, 꼬치

Memo
어린이용 샌드위치를 만들 때는 간단하고 알기 쉬운 재료를 사용해야 한다. 또 아이들이 먹기 편한 크기와 모양으로 만들고, 다양한 변화를 주어야 한다. 심플한 접시라도 예쁜 색상의 유산지와 꼬치 등으로 예쁘게 꾸밀 수 있다. 같은 느낌으로 어린이를 위한 1인용 샌드위치 박스를 만들어도 좋다.

재료
(사진 왼쪽위 / 붉은색 유산지 상자)
① 미니 버터롤, 버터(무염), 상추, 레버케제, 마요네즈, 토마토
② 미니 허니롤, 버터(무염), 양상추, 달걀 샐러드, 딜
③ 미니 크루아상, 버터(무염), 상추, 비어싱켄, 마요네즈, 토마토
레버케제(Leberkäse)_간고기와 향미채소, 향신료 등을 넣어서 만든 일종의 소시지.

(사진 오른쪽위 / 줄무늬 유산지 상자)
④ 현미 미니도그, 비엔나 소시지(속이 거친 것)
⑤ 사각식빵, 버터(무염), 딸기잼
⑥ 사각식빵(호박), 마요네즈, 데리야키 치킨, 당근채, 오이채
⑦ 사각식빵(현미), 버터(무염), 상추, 달걀 샐러드

(사진 앞 / 핑크색 유산지 상자)
⑧ 사각식빵, 버터(무염), 오이, 마리보 치즈, 마요네즈, 본레스햄

Winter LESSON 10

LESSON 10 - ⑤
팽 쉬르프리즈 버라이티

정통 샌드위치 타입
규칙 C × [팽 쉬르프리즈] 응용
+α 요소 b. 어른용 파티 샌드위치 + [빵] → F. 팽 쉬르프리즈

팽 오 레 쉬르프리즈(사진 왼쪽)

Memo
원통 모양의 팽 오 레를 사용한 재미있는 모양의 샌드위치. 빵 속을 도려내지 않고 빵의 모양을 살려서 만들 때는 부드러운 빵도 가능하다. 브리오슈 무슬린(원기둥 모양 브리오슈)을 사용해도 좋다.

만드는 방법
팽 오레(작고 둥근 모양) 1개를 8장으로 얇게 썰어서 버터(무염)를 바르고 속재료를 끼워 넣는다.

재료
a. 상추, 써니양상추, 씨겨자, 스파이시소프트 살라미
b. 루콜라, 코파햄, 세미드라이 토마토
c. 푸아그라, 소금, 꿀, 무화과
d. 엔다이브, 밀라노살라미, 파르메산 치즈

코파(Coppa)햄_이탈리아의 돼지고기 생햄.

통밀식빵 쉬르프리즈(사진 오른쪽)

Memo
부드러운 식빵은 속을 깨끗하게 도려내기 어렵기 때문에 팽 쉬르프리즈를 만들려면 호밀빵, 통밀빵 등 단단한 빵으로 만드는 것이 좋다.

만드는 방법
통밀 둥근식빵은 p.18~19를 참고하여 속을 도려낸다. 도려낸 빵을 4등분하고 V자로 칼집을 낸 다음, 자른 면에 버터(무염)를 바르고 속재료를 넣는다.

재료
a. 써니양상추, 본레스햄, 디종 머스터드, 코르니숑
b. 루콜라, 생햄, 세미드라이 토마토, 파르메산 치즈
c. 상추, 데리야키 치킨, 간장 마요네즈, 오이채, 당근채
d. 엔다이브, 사과, 브리 치즈, 라즈베리 잼

LESSON 11

동양 식재료를 사용한다
오리엔탈 샌드위치

POINT
- 다른 재료를 넣지 않은 플레인 빵은 동양의 조미료나 식재료와도 잘 어울린다. 덮밥같은 느낌으로 여러 가지 조합을 시도해도 좋다.
- 샌드위치의 기본 재료를 비슷한 종류의 동양적인 식재료로 바꾸면 조합하기 쉽다.
- 기본 조미료에 동양의 조미료를 더한 오리엔탈 소스를 활용한다.

STEP 1 재료를 바꾼다

샌드위치의 기본재료를 '동양적인 식재료'로 바꿔보자
재료를 카테고리별로 나눠서 서양 식재료를 동양의 식재료로 하나씩 바꿔보면 맛있는 조합을 쉽게 찾을 수 있다.

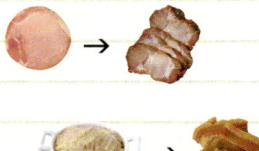

허브
루콜라 → 미나리

잎채소
상추 → 경수채

육가공품
햄 → 차슈
리예트 → 동파육

뿌리채소류
감자 → 토란

STEP 2 소스를 만든다

기본 조미료에 동양의 풍미를 더하여 '오리엔탈 소스'를 만든다
기본 소스인 마요네즈에 간장을 더하면 손쉽게 동양적인 맛을 만들 수 있다. 먼저 '간장 마요네즈'와 '시로미소 머스터드'를 기본으로 조합해보자.

간장마요네즈
마요네즈에 간장을 넣은 만능소스. 참깨를 갈아 넣어도 좋다.
＊ 마요네즈와 간장을 9:1의 비율로 섞는다.

시로미소 머스터드
디종 머스터드와 시로미소의 단맛이 만나서 어떤 재료와도 잘 어울린다.
＊ 시로미소와 디종 머스터드를 3:2의 비율로 섞는다.

STEP 3 메뉴를 재구성한다

정통 샌드위치에 '동양 식재료'와 '오리엔탈 소스'를 더하여 메뉴를 재구성한다

① 반미 + [미나리, 우엉] × [간장마요네즈]
② 클럽 샌드위치 + [차슈, 경수채, 토란, 참깨 간 것] × [간장마요네즈]
③ 바게트 샌드위치 + [동파육, 토란] × [시로미소 머스터드]
④ BLT + [경수채, 연근] × [시로미소 머스터드]

Winter LESSON 11

LESSON 11 - ①
돼지고기 미소 꿀조림 & 미나리 & 우엉 피셀

정통 샌드위치 타입
규칙 B-1 × [반미] 응용
+α 요소 [미나리, 우엉] × [간장마요네즈]

Memo
불고기 반미에 미소된장으로 변화를 주었다. 꿀, 미소된장, 간장으로 절인 매콤달콤한 돼지고기와 미나리향이 프랑스빵과 잘 어울린다. 튀긴 양파 대신 튀긴 우엉으로 바삭한 식감과 향을 더한다.

재료 1개 분량
피셀(100g) …… 1개
버터(무염) …… 5g
돼지고기 미소 꿀조림 …… 40g
미나리 …… 40g
간장마요네즈(p.229 참조) …… 2g
우엉튀김 …… 4g

만드는 방법
1. 피셀은 옆에서 가로로 칼집을 넣고 자른 면에 버터를 바른다.
2. 1에 돼지고기 미소 꿀조림과 미나리를 끼워 넣고 간장 마요네즈를 뿌린 다음, 필러로 얇게 채 썰어서 튀김옷을 입히지 않고 그대로 튀긴 우엉을 올린다.

돼지고기 미소된장 꿀조림_양념(미소된장 2큰술, 꿀 1큰술, 간장 1/2큰술, 청주 1/2큰술)을 비닐팩에 넣고 잘 섞은 다음 돼지고기 등심을 넣고 3시간~하룻밤 정도 재운다. 돼지고기는 양념을 털어내고 약간의 식용유를 두른 프라이팬에 굽고, 남은 양념은 돼지고기를 구운 프라이팬에 넣고 한소끔 끓여서 구운 돼지고기 위에 올린다.

LESSON 11-② 차슈 & 토란튀김 클럽 샌드위치

정통 샌드위치 타입
규칙 B-2 × [클럽 샌드위치] 응용
+α 요소 [차슈, 경수채, 토란, 참깨 간 것] × [간장 마요네즈]

Memo
경수채와 아삭아삭 사과, 끈적한 토란의 밸런스를 즐겨보자. 햄이나 베이컨이 아니라 돼지고기 차슈를 사용하는 것이 포인트.

재료 1개 분량
호밀 사각식빵(10mm) …… 3장
버터(무염) …… 8g
사과(2mm) …… 20g
차슈 …… 25g
토란 …… 30g
간장마요네즈(p.229 참조) …… 8g
참깨(간 것) …… 1큰술
경수채 …… 18g
소금 …… 적당량

만드는 방법
1. 토란은 껍질을 벗기고 6mm 두께로 얇게 썰어서 튀긴 다음, 뜨거울 때 살짝 소금을 뿌린다.
2. 호밀 사각식빵은 겉이 마를 정도로 살짝 구워서 1장은 양쪽면에, 2장은 한쪽면에만 버터를 바른다.
3. 한쪽면에만 버터를 바른 빵에 얇게 썬 사과, 차슈, 양쪽면에 버터를 바른 식빵을 순서대로 올린다. 그 위에 튀김옷을 입히지 않고 그대로 튀긴 토란을 올리고 간장 마요네즈와 참깨 간 것을 뿌린 다음, 경수채를 빵 크기에 맞게 접어서 올리고 나머지 식빵으로 덮는다.
4. 식빵 가장자리는 마주보는 2변만 자르고 3등분한다.

LESSON 11-③
동파육 리예트 & 으깬 토란 바게트 샌드

정통 샌드위치 타입
규칙 A × [바게트 샌드위치] 응용
+α 요소 [동파육, 토란] × [시로미소 머스터드]

Memo
부스러질 정도로 부드럽게 조린 동파육을 포크로 으깨서 리예트를 만든다. 끈적끈적한 토란과 시로미소 머스터드가 잘 어울린다.

재료 1개 분량
바게트 …… 1/4개
버터(무염) …… 6g
동파육 …… 50g
으깬 토란 …… 30g
시로미소 머스터드(p.206 참조) …… 10g
산초 …… 적당량

만드는 방법
1. 바게트는 가로로 칼집을 내고 자른 면에 버터를 바른다.
2. 동파육은 포크로 으깨서 리예트처럼 페이스트 상태로 만든다.
3. 1에 2의 동파육과 으깬 토란, 시로미소 머스터드를 넣고 산초 가루를 뿌린다.

으깬 토란_암염을 깐 오븐팬 위에 깨끗이 씻은 토란을 껍질째 올리고 180℃ 오븐에서 굽는다. 꼬치로 찔러서 푹 들어갈 정도로 구운 다음, 껍질을 벗기고 푸드매셔로 입자를 살려서 으깨고 소금, 흰 후추, 약간의 생크림으로 간을 맞춘다.

LESSON 11-④
연근 스테이크 & 베이컨 버거

정통 샌드위치 타입
규칙 B-1 × [BLT] 응용
+α 요소 [경수채, 연근] × [시로미소 머스터드]

Memo
두껍게 썬 연근에 소금과 검은 후추만 뿌려서 잘 구우면 감칠맛이 살아난다. 두툼하게 자른 베이컨과 시로미소 머스터드가 절묘하게 조합된 새로운 버거.

재료 1개 분량
감자빵(100g) …… 1개
버터(무염) …… 5g
경수채 …… 8g
베이컨(8mm) …… 1장
연근(15mm) …… 1장
시로미소 머스터드(p.206 참조) …… 1장
소금, 검은 후추, 올리브유 …… 적당량

만드는 방법
1. 연근은 껍질을 벗기고 올리브유를 두른 프라이팬에 올려서 잘 굽는다. 노릇해지면 뒤집어서 소금과 검은 후추를 뿌리고 굽는다. 2등분한 베이컨은 프라이팬에 구워서 키친타월로 기름기를 제거한다.
2. 감자빵은 가로로 2등분하고 자른 면에 버터를 바른다.
3. 2에 빵 크기에 맞게 자른 경수채, 베이컨, 시로미소 머스터드, 연근을 순서대로 올린다.

EPILOGUE

샌드위치 만들 때 가장 중요한 점

저는 샌드위치를 아주 좋아합니다.

빵과 속재료의 심플한 조합 속에 맛은 물론, 그 지역의 음식문화까지 담겨 있어서 그 매력을 이야기하자면 끝도 없을 것입니다.

그런데 이렇게 매력적인 샌드위치가 베이커리의 필수 아이템임에도 불구하고, '손이 많이 간다', '원가가 높다'는 이유로 부담스러운 존재가 된 것은 참으로 안타까운 일입니다.

이 책에서는 샌드위치 레시피뿐 아니라, 재료에 대한 기초 지식과 메뉴의 조합 방법 등 다양한 정보를 소개하고 있습니다. 그것은 맛있는 샌드위치를 만들기 위해서 필요한 '수고'와 '비용'을 알아주기 바랐기 때문입니다.

'수고'에는 '노동력'과 '시간'이라는 2가지 요소가 있습니다. 샌드위치의 경우 어렵고 복잡한 요리과정이 항상 필요한 것은 아니며, 반드시 시간이 많이 걸리는 것도 아닙니다. 또한 '비용'은 어디까지나 '적절하게' 맞추는 것으로 터무니없이 많은 비용이 필요하지 않습니다.

예를 들어 '수고'와 '비용'을 충분히 들여서 만든 메뉴라도 '유행하고 있으니까'라는 이유만으로 만드는 메뉴는 점점 손님을 싫증나게 할 것입니다.

만드는 사람의 마음이 담겨야 비로소 '수고'와 '비용'을 들일 가치가 생깁니다. 만드는 사람이 스스로 진심으로 맛있다는 생각과 다른 사람도 맛있게 먹어주기를 바라는 마음을 솔직하게 표현한다면 레시피 이상의 맛을 표현할 수 있을 것입니다. 불특정 다수를 대상으로 만드는 '상품'이 아닌 소중한 사람을 위해서 만드는 '요리'라는 마음으로 만드는 샌드위치는 허기진 배를 채워줄 뿐 아니라, 마음까지도 따스하게 채워줄 것입니다.

당신은 샌드위치를 좋아하나요?
즐거운 마음으로 만들었나요?
마음을 담아 만들었나요?

샌드위치에 대해 잘 알고, 좋아하게 되고, 만드는 것을 즐기는 사람이 늘어난다면 샌드위치도 점점 더 맛있게 발전할 것입니다.

The truth of the world delicious sandwiches
세계의 맛있는 샌드위치의 진실

내가 가장 좋아하는 샌드위치 조합
맷돌로 간 밀가루로 만든 바게트에 발효버터를 듬뿍 바르고,
하몬 세라노(스페인산 생햄)를 넣는다.
밀가루와 버터, 하몬 세라노, 각각의 향이 조화된 깊이 있는
맛. 심플하지만 씹을수록 재료의 풍미가 느껴진다.
'수고'와 '비용'은 들어가지만 '조리시간'은 걸리지 않는다.

샌드위치의 기초 지식
II

버터

샌드위치를 만들 때 버터는 중요한 역할을 한다.
'빵에 기름막을 형성하여 수분 흡수를 막고 맛을 지킨다'거나 '빵과 속재료를 연결하는 접착제'라는 것은
버터의 기능적인 역할로 이미 잘 알려진 사실이다. 하지만 가장 중요한 것은 '맛'을 위해서 버터를 바른다는 것이다.
빵에 버터를 바르면 빵과 속재료 각각의 맛이 살아난다.

샌드위치를 만들 때 사용하는 버터

무염버터와 가염버터
샌드위치를 만들 때는 기본적으로 무염버터를 사용한다. 빵, 재료, 소스류를 조합하는데 버터까지 가염버터를 사용하면 전체적으로 짠맛이 강해지는 경우도 있다. 무염버터를 빵이나 속재료와 조합하면 부드러운 맛이 살아난다. 일반적으로 빵에 바를 때는 가염버터, 제과제빵 또는 요리에 사용할 때는 무염버터를 사용하는 경우가 많은데, 유럽에서는 용도에 관계없이 무염버터를 주로 사용한다.
단, 프랑스 브르타뉴 지방처럼 특산품 소금이 들어 있는 버터를 사용하는 지역도 있으며, 가염버터의 특징을 살려서 만드는 과자나 빵, 요리도 있다.

발효버터와 무발효버터
발효버터는 원료인 크림을 젖산발효시켜서 만든다. 유럽에서는 발효버터가 일반적이지만 우리나라에서는 무발효버터를 주로 먹는다. 무발효버터는 향이 순한데 비해 발효버터는 특유의 풍미와 신맛, 감칠맛이 있으므로 취향에 따라 골라서 사용한다.

버터 사용 방법
버터를 상온에 두어서 부드러워지면 빵에 바른다. 부드러운 빵에 차갑고 단단한 버터를 바르면 빵의 표면이 손상되므로 주의한다. 또한, 버터는 30℃ 전후에서 녹기 시작하는데, 버터가 녹으면 조직이 변해서 풍미가 떨어지므로 기온이 높은 시기에는 냉장고에 보관하는 등 관리에 주의해야 한다.

실내온도가 낮아서 버터가 금방 단단해질 경우에는 부드러운 상태에서 휘핑해두면 사용하기 편하다.

버터를 차가운 상태 그대로 치즈처럼 얇게 썰어서 하드계열 빵에 듬뿍 넣어도 좋다.

콤파운드 버터

버터에 여러가지 재료를 섞은 것을 'Beurre Composé(뵈르 콩포제)'라고 하며, 프랑스 요리에서는 고기와 생선요리에 곁들이거나 카나페나 소스를 만들 때도 사용한다. 허브, 향신료, 치즈 등으로 간편하게 다양한 맛을 낼 수 있다. 주재료에 따라 골라서 사용한다.

만드는 방법_부드럽게 녹은 상태에서 각각의 재료를 섞는다.

에스카르고 버터
마늘과 파슬리 향이 특징인 에스카르고용 버터. 빵에 발라서 굽는 것만으로 풍부한 풍미를 즐길 수 있다. 핫 샌드위치를 만들 때 포인트 맛으로 사용하면 좋다.

재료_버터(무염) 100g, 다진 파슬리 1큰술, 다진 에샬로트 1큰술, 다진 마늘 2작은술, 소금 1/2작은술, 흰 후추 조금

레몬 버터
레몬껍질과 레몬즙을 넣어서 상큼한 맛이 나는 버터는 연어와 싱싱한 채소가 들어가는 샌드위치에 잘 어울린다.

재료_버터(무염) 100g, 레몬껍질(노란 부분을 갈아서 사용) 1/2개 분량, 레몬즙 1작은술, 소금, 흰 후추 조금

토마토 버터
드라이 토마토와 마늘, 허브로 만든 페이스트를 섞은 버터로 햄과 채소를 넣은 샌드위치에 포인트 맛으로 사용하면 좋다.

재료_버터(무염) 100g, 캐비어 드 토마토(드라이 토마토, 토마토, 마늘, 허브로 만든 시판 제품) 5g

로크포르 버터
푸른곰팡이 치즈의 왕이라고 불리는 로크포르 치즈도 버터에 섞으면 부드럽게 즐길 수 있다. 취향에 따라 푸름 당베르 치즈, 고르곤졸라 치즈 등 다른 블루치즈를 사용해도 좋다.

재료_버터(무염) 100g, 로크포르 치즈 60g, 포트와인(또는 마데이라 와인) 2작은술

안초비 버터
안초비 페이스트를 섞은 버터는 적당한 짠맛과 안초비 특유의 풍미가 특징이다. 유럽 남부풍 샌드위치나 달걀과 잘 어울린다.

재료_버터(무염) 100g, 안초비 페이스트 5g

Column

빵에 어울리는 다양한 유지류

버터는 빵에 사용하는 가장 기본적인 유지류이며, 지역에 따라 다양한 유지류를 사용한다. 예를 들어 푸아그라 산지인 프랑스 남서부 지역에서는 요리에 거위기름을 사용하고, 버터 대신 빵에 바르기도 한다. 올리브 산지인 지중해 연안에서는 기본적으로 올리브유를 사용하며, 반죽에 넣거나 빵에 바르는 것도 대부분 올리브유이다. 미국에서 인기 있는 땅콩버터도 빵의 맛을 살려주는 유지류이다.
그 밖에 돼지고기 요리를 많이 먹는 지역에서는 라드(돼지기름), 중동에서는 타히니라고 부르는 참깨 페이스트 등 지역에 따라 다양한 유지류와 유지류에 준하는 재료가 있다.

올리브유

거위기름

땅콩버터

치즈

치즈는 샌드위치를 만들 때 빼놓을 수 없는 재료 중 하나이다.
우리나라에서는 가공치즈를 많이 사용하지만, 자연치즈를 사용하게 되면 맛이 달라지는 것을 느낄 수 있다.
여기서는 샌드위치를 만들기 전에 알아두면 좋은 치즈에 대한 기초 지식과
샌드위치에 사용하기 좋은 치즈를 각각 종류별로 소개한다.

치즈의 기초 지식

치즈란?
치즈는 인류가 만든 가장 오래된 식품 중 하나로, 사람의 몸에 필요한 여러 가지 영양성분이 균형 있게 들어 있는 유제품이다. 요구르트처럼 부드러운 치즈와 단단한 치즈, 작은 치즈, 큰 치즈까지 다양한 종류의 치즈가 있다. 정확한 유래에 대해서는 알려지지 않았지만, 기원전 4000년경부터 유제품을 만들기 시작했다고 한다. 발효를 통해 저장성이 높아지고 맛도 좋아진 치즈는 시대에 따라 종류도 다양해지고, 먹는 방법도 다양해져서 세계로 퍼져나갔다.

치즈의 분류
농가에서 만든 치즈부터 공장에서 만든 치즈까지 여러 종류의 치즈가 있으며, 이것들을 모두 명확하게 분류하는 것은 그리 쉬운 일이 아니지만 제조방법에 따라 다음과 같이 2가지로 분류할 수 있다.

● **자연치즈**
소, 산양, 양, 물소 등의 젖을 원료로 하며, 단백질을 효소나 그 밖의 응고제로 응고시키고, 유청의 일부를 제거한 것 또는 그것을 숙성시킨 것. 다양한 종류가 있으며 개성적인 맛과 숙성에 따른 풍미를 즐길 수 있다. 자연치즈는 다시 7가지로 분류할 수 있다. ① 비숙성(프레시) 타입, ② 흰곰팡이 타입, ③ 워시 타입, ④ 푸른곰팡이 타입, ⑤ 셰브르 타입, ⑥ 세미하드 타입, ⑦ 하드 타입

● **가공치즈**
자연치즈를 분쇄하고 가열용해하여 유화한 제품. 숙성에 따른 깊은 맛은 없지만, 품질과 영양면에서 모두 안정적이다. 견과류와 향신료, 허브 등을 섞어서 만든 것도 있다. 자연치즈의 원료는 생우유인데 비해가공치즈의 원료는 자연치즈이다.

치즈의 영양
치즈는 평균적으로 원료인 젖을 1/10로 응축한 것이라고 할 수 있다. 젖은 포유류가 아이를 키우기 위한 영양 공급원이므로, 그 젖을 응축시킨 치즈는 작은 양에도 영양소가 풍부하게 들어 있다.
치즈에 포함된 영양소 중에서도 가장 질이 좋은 것은 단백질로, 숙성 중에 미세하게 분해되기 때문에 소화흡수가 잘 된다. 또한 비타민과 미네랄 등의 필수 영양소가 균형 있게 들어 있다. 우리나라 사람들에게 가장 부족한 영양소인 칼슘도 우유를 마시는 것보다 더 효율적으로 섭취할 수 있다.
또한, 우유를 마시면 설사를 하는 등 속이 불편해지는 경우가 있는데 이를 유당불내증이라 하며, 우유에 들어 있는 유당을 분해하는 효소가 없기 때문에 일어나는 증상이다. 그런데 치즈를 만드는 과정에서 유당은 유청을 분리할 때 대부분 제거되어 치즈에는 남지 않으므로, 유당불내증이 있는 사람이라도 치즈를 먹었을 때는 그런 증상이 나타나지 않는 경우가 많다.

유럽과 미국에서는 우유 생산량의 80% 이상이 치즈로 소비되고 있으며, 빵을 먹을 때 빼놓을 수 없는 식품이다. 샌드위치의 기본 재료인 치즈에 대한 기초 지식을 알아두면 효과적으로 사용할 수 있다.

치즈의 분류

흰곰팡이 타입

브리와 카망베르로 대표되는 흰곰팡이 치즈는 치즈 표면에 흰곰팡이를 인위적으로 번식시켜서 만든다. 이 흰곰팡이는 단백질 분해력이 강해서 치즈 바깥쪽부터 시작해서 안쪽까지 숙성시킨다. 치즈 중심에 심처럼 단단한 부분이 없어지고 부드러워지는 시점이 먹기 좋을 때이다. 숙성과 함께 감칠맛과 향이 증가한다. 우리나라에도 국산 카망베르 치즈가 보급되어 있지만 프랑스의 전통적인 카망베르 치즈가 더 진하고 맛이 강하다.

사진_카망베르(왼쪽), 브리(오른쪽), 브리야 사바랭 아피네(가운데)

● 잘 어울리는 빵
바게트, 팽 드 캉파뉴, 호밀빵 등 대부분의 프랑스빵에 잘 어울린다.
숙성에 따른 풍미가 강한 치즈는 맛이 진한 빵에, 부드러운 것은 브리오슈나 팽 오레 등 버터와 우유, 달걀, 설탕 등을 넣어서 만든 고배합 빵에 잘 어울린다.

가운데를 중심으로 방사형으로 자른다.

Column

치즈를 자르는 도구 I 치즈나이프
'오메가나이프'라고 부르는 치즈나이프는 칼날에 구멍이 있어서 치즈를 자를 때 달라붙지 않기 때문에 부드러운 치즈도 자르기 쉽다. 칼 끝의 갈라진 부분으로 치즈를 찍어서 서빙할 수도 있다.

푸른곰팡이 타입

프랑스에서 '파테 페르시에(pâte persillé)'라고 부르는 푸른곰팡이 타입은 잘게 다진 파슬리가 박혀 있는 것 같은 겉모습이 특징이다. 흰곰팡이 치즈와 다르게 치즈 안쪽에서 곰팡이를 번식시키기 때문에 가운데 부분부터 숙성이 진행된다. 특유의 강한 풍미가 있지만 익숙해지면 자꾸 찾게 되는 중독성 있는 매력이 있다. 치즈의 왕이라고 불리는 프랑스의 '로크포르'는 2000년 전쯤 젊은 양치기가 동굴에 놓고 온 호밀빵에 곰팡이가 생겼는데, 같이 놓아둔 치즈에 곰팡이가 옮아서 만들어진 블루치즈에서 유래되었다고 한다.

사진_고르곤졸라(왼쪽위), 로크포르(왼쪽아래), 푸름 당베르(오른쪽)

● 잘 어울리는 빵
호밀빵, 견과류나 말린 과일을 넣은 빵, 팽 드 캉파뉴 등 비교적 풍미가 강한 프랑스빵이나 호밀이 많이 들어간 독일빵에 잘 어울린다.

푸름 당베르는 먼저 반달모양으로 자른 다음에 얇게 썰면 편하다. 반달모양으로 자른 다음 다시 방사형으로 자르면 푸른곰팡이가 골고루 들어가게 자를 수 있다.
핫 샌드위치나 토핑으로 소량 사용하는 경우에는 작게 잘라도 좋다.

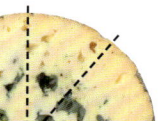

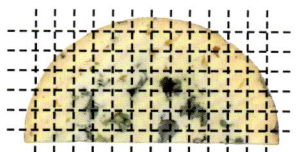

COLUMN

**치즈를 자르는 도구 II
와이어식 치즈 슬라이서**
조직이 부드러워서 부서지기 쉬운 푸른곰팡이 치즈와 숙성시키지 않은 셰브르 치즈를 자를 때 사용하면 좋다.

비숙성(프레시) 타입

원래 농가에서 즉석에서 만들어 먹던 치즈로, 숙성과정이 없는 치즈이다. 다른 종류와 다르게 만드는 데 시간이 오래 걸리지 않는다. 대표적인 '프로마주 블랑(Fromage blanc)'은 하얗고 신맛이 있어서 요구르트와 비슷하다. 요구르트와 다른 점은 유청의 유무로, 제거하는 방법에 따라 단단한 정도나 풍미가 달라진다. 크림치즈는 자연치즈와 가공치즈 2종류가 있는데, 이 책에서는 자연치즈를 사용하였다.

사진_부르생(Boursin, 왼쪽위), 크림치즈(왼쪽아래), 마스카르포네(가운데), 프로마주 블랑(오른쪽위), 모짜렐라(오른쪽아래)

● 잘 어울리는 빵

프레시 치즈는 치즈마다 맛과 질감이 다르기 때문에 잘 어울리는 빵도 다르다. 모짜렐라는 포카치오와 치아바타에, 마스카르포네는 브리오슈, 견과류나 말린 과일을 넣은 빵에, 부르생은 대부분의 프랑스 빵에 잘 어울린다.
크림치즈와 프로마주 블랑은 어떤 빵이나 잘 어울린다.

크림치즈는 상온에 두었다가 바르거나 차가운 상태 그대로 잘라서 사용해도 좋다.

모짜렐라는 원하는 두께로 자른다.
핫 샌드위치에 넣을 경우에는 작게 자르거나 찢어서 사용한다.

Column

**치즈를 자르는 도구III
물결모양 와이어식 치즈 슬라이서**

부드러운 크림치즈를 깔끔하게 자를 수 있다. 칼날에 물결모양이 있어서 보기 좋게 잘라진다.

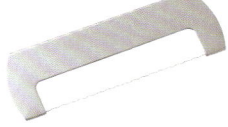

하드 & 세미하드 타입

파르메산 치즈는 필러로 얇게 저미거나 갈아서 사용하면 편하다.

산에서 먹는 저장식품으로 만들기 시작한 치즈로, 장기보존이 가능하다. 만드는 방법은 간단하지만 숙성기간에 따라 맛이 달라지고, 그 지역의 소가 먹는 꽃과 목초의 향이 느껴지는 등 맛에 깊이가 있다. 하드 타입은 가열압착 타입, 세미하드 타입은 비가열압착 타입이라고도 하는데, 만드는 방법에 따라 완성 제품의 단단한 정도가 달라진다. 그대로 먹어도 맛있기 때문에 얇게 썰어서 샌드위치에 넣어 먹는 경우가 많은데, 녹여서 치즈 퐁듀를 만들거나 깎아서 파스타와 리소토에 넣는 등 각 지방의 요리에도 활용된다.

사진_에멘탈(왼쪽위), 체다(왼쪽아래), 미몰레트(Mimolette, 가운데위), 그뤼에르(Gruyerem, 가운데중심), 콩테(가운데아래), 파르메산(오른쪽)
※체다와 미몰레트 치즈는 세미하드 타입이고, 나머지는 하드 타입.

● 잘 어울리는 빵
프랑스빵, 독일빵 등 대부분의 담백한 저배합 빵에 잘 어울린다.
세미하드 타입은 식빵 등 부드러운 빵과 잘 어울린다. 하드 타입도 필러로 얇게 저미거나 곱게 갈아서 사용하면 어떤 빵이나 잘 어울린다.

Column

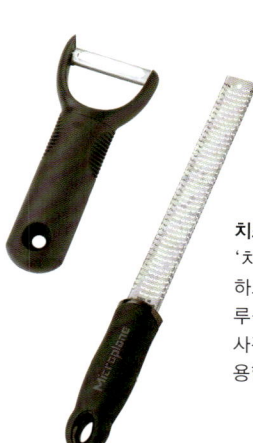

치즈를 자르는 도구 IV 필러
채소나 과일 껍질을 깎는 필러를 하드계열 치즈를 얇게 저밀 때 사용하면 편리하다. 힘을 조절하여 두께를 다르게 할 수 있다.

치즈를 자르는 도구 V 강판
'치즈 그레이터'라고도 하며 하드 타입의 치즈를 갈아서 가루상태로 만들 때 사용한다. 사진은 치즈 외에도 폭넓게 사용할 수 있는 푸드 그레이터

치즈

셰브르 타입

생 모르 더 투렌은 중심 부분의 볏짚을 빼고 원하는 두께로 잘라서 사용한다.

셰브르(Chevre)는 프랑스어로 '산양'을 의미한다. 산양젖의 성분은 사람의 모유에 가까워서 프랑스에서는 셰브르 치즈를 이유식으로 사용하기도 한다. 흰색 조직이 부드러워서 부스러지기 쉽기 때문에 작게 만든다. 숙성시키지 않은 프레시 치즈는 산뜻한 신맛이 있으며, 입안에서 살살 녹는다. 숙성시키면 질감이 조금 단단해지며 산양젖의 감칠맛이 진해진다.

산양의 출산은 1년에 한번뿐이기 때문에 셰브르 치즈를 만들 수 있는 시기는 새끼 산양이 젖을 떼는 봄부터 가을까지이다. 본래 '제철'의 맛을 즐기는 치즈이지만 현재는 냉동 산양젖을 사용하여 1년 내내 만들 수 있다.

사진_발랑세(Valencay, 왼쪽위), 크로탱 드 샤비뇰(Crottin de Chavignol, 왼쪽 아래), 생 모르 더 투렌(Sainte Maure de Touraine, 오른쪽)

● 잘 어울리는 빵
견과류와 말린 과일을 넣은 호밀빵.

워시 타입

크림처럼 부드러운 몽도르 치즈는 상온에 두었다가 숟가락으로 떠서 사용한다.

워시 타입은 이름 그대로 치즈 표면을 소금물이나 알코올로 씻어서 숙성시킨 치즈를 말한다. 치즈 표면을 씻으면 적당한 습기가 생겨서 박테리아(Brevibacterium linens)가 증식되는데, 이 박테리아는 낫토균과 같은 고초균의 일종이다. 워시 타입 치즈는 냄새는 지독하지만 속은 끈적끈적하고 맛과 향이 풍부하다. 냄새가 강한 종류는 말린 무화과, 건포도 등 말린 과일과 잘 어울린다. 또한 씻을 때 사용한 그 지역의 술과도 잘 어울린다.

사진_몽도르(Montd'Or, 왼쪽), 묑스테르(Munster, 오른쪽아래), 탈레지오(Taleggio, 오른쪽위)

● 잘 어울리는 빵
팽 드 캉파뉴, 호밀빵

육가공품

전통적인 육가공품은 치즈와 함께 샌드위치에 빼놓을 수 없는 기본 재료이다. 저장을 위해 돼지고기를 소금에 절이던 것에서 시작되어 퍼져 나갔으며, 유럽에는 지역의 특징을 살린 제품이 많이 있다. 여기서는 맛있는 샌드위치를 만들기 위해 알아두면 좋은 기본적인 아이디어와 사용 방법을 소개한다.

베이컨

베이컨은 돼지고기의 삼결살 부위를 가공한 것으로, 원래 제조과정에서는 가열하지 않는다.

그대로 먹는 햄과는 다르게 베이컨은 요리의 부재료로 조미료, 또는 국물용으로도 사용된다. 염분이 강한 것은 그 때문이다. 우리나라에서는 쿡드베이컨(Cooked bacon)이라고 부르는 가열된 베이컨이 일반적이다. 맛을 내는 데 사용하는 베이컨은 특히 좋은 품질을 사용하는 것이 좋다.
(사진 위부터) 두께 8mm 베이컨, 두께 2.5mm 베이컨, 두께 1mm 생베이컨

POINT
메뉴에 따라 자르는 두께와 방법을 달리하여 식감과 맛에 변화를 줄 수 있다. 베이컨을 샌드위치용으로 사용할 때는 3등분(사진a)하고, 조금 두꺼운 베이컨은 직사각형으로(사진b) 썰어서 사용하면 좋다.

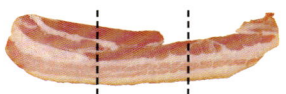
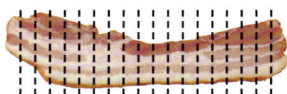

a

b

COLUMN

바삭한 베이컨(크리스피 베이컨) 만드는 방법
바삭하고 고소하게 굽기 위해서는 좋은 베이컨을 고르는 것이 중요하다. 가수율이 높고 당류가 많이 첨가된 베이컨은 구워도 기름기가 제거되지 않으며 바삭바삭하게 되기 전에 타버린다. 물을 넣지 않고 소금에 절여서 만든 베이컨이라면 감칠맛을 살려서 맛있게 구울 수 있다.

프라이팬
차가운 프라이팬에 베이컨을 올리고 약한 불로 오래 굽는다. 베이컨 자체의 기름이 천천히 녹아서 흘러나오기 때문에 자연히 맛있게 구워진다. 키친타월로 기름기를 제거하고 식히면 바삭하게 완성할 수 있다.

오븐
한 번에 많은 양을 구울 경우에는 실리콘으로 만든 오븐시트 사이에 넣고 오븐으로 굽는다. 시트의 무게에 눌려서 납작하게 구워지며, 다 구워지면 바로 키친타월 위에 올려서 기름기를 제거하고 식힌다.

햄

햄은 영어로 '돼지 넓적다리 살'. 원래 햄은 '뼈가 붙어있는 돼지 넓적다리 살을 가공한 것'을 가리킨다. 본레스햄은 뼈를 제거하고 만든 돼지 다릿살 햄을 말한다.
프랑스어 '장봉(Jambon)', 독일어 '싱켄(Schinken)', 스페인어 '하몬(Jamon)'은 모두 햄을 의미하는데, 이탈리아어 '프로슈토(Prosciutto)'는 'prosciugare(건조하다)'라는 만드는 방법의 특징을 담은 이름이다.
(사진 왼쪽부터, 가열제품) 화이트 본레스햄, 본레스햄, 로스햄, 컨트리로스트햄, 페퍼싱켄
(사진 오른쪽위 비가열제품) 프로슈토(큰 것), 싱켄스펙(작은 것)

로스햄, 본레스햄
유럽에서 샌드위치를 먹으면 햄 자체의 맛이 너무나 뛰어나서 놀라게 된다. 심플한 조합일수록 '햄 품질=샌드위치 맛'이 되므로 빵과의 균형을 고려해서 고르는 것이 좋다.

POINT
둥근 햄을 사각식빵에 얹으면 가장자리에 빈틈이 생긴다. 삼각샌드위치라면 괜찮겠지만 사각형으로 자르면 햄이 적게 들어가는 부분이 생긴다. 햄을 골고루 얹으려면 반으로 잘라서 배치를 다르게 하면 된다. 대형 본레스햄의 경우 빵 밖으로 삐져나오지 않게 잘라서 넣는다.

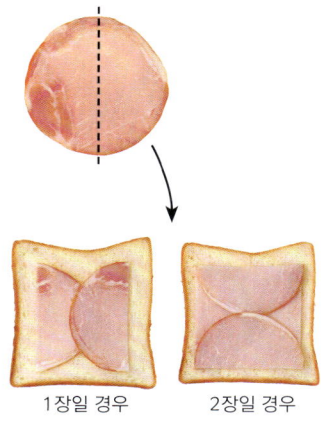

1장일 경우   2장일 경우

생햄
진한 소금으로 절인 다음 건조하여 만든 비가열제품이다. 염분이 많지만 오랜 기간 숙성시켜서 부드러운 감칠맛이 있다. 유럽의 전통적인 생햄은 수개월 ~ 1년 이상 걸려서 만들어진다. 알프스 산맥 북쪽지역에서는 훈제한 것(싱켄스펙 등)을, 남부지방에서는 소금에 절인 것(프로슈토 등)을 주로 만든다.

POINT
같은 양의 햄이라도 얇게 썰어서 표면적이 넓어지면 향이 섬세하게 살아나고, 두껍게 썰면 식감이 좋아진다. 생햄은 얇게 썰어서 향을 살리는 것이 좋다.

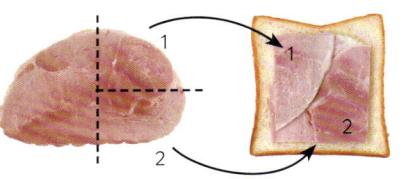

반으로 접는다

페퍼싱켄 / 컨트리로스트
일본 오오야마햄[大山ハム] 제품. 페퍼싱켄은 돼지 목심에 검은 후추를 듬뿍 뿌려서 구운 것으로 매콤한 후추 향을 즐길 수 있고, 컨트리로스트햄은 돼지 등심을 살짝 구워서 고급스러운 맛을 살렸다.

POINT
2종류 모두 돼지등심과 목심 덩어리 그대로 만들었기 때문에 사각식빵에 넣을 경우에는 빵 크기에 맞게 잘라서 넣는다.

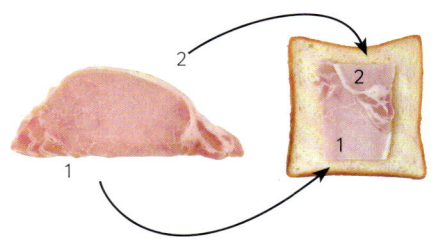

소시지

소시지의 어원은 라틴어 살수스(salsus, 소금에 절인 것)이다. 햄이 돼지고기 덩어리로 만들어진 것과 달리 소시지는 다짐육으로 만들어진 것이 가장 큰 특징이다. 돼지고기뿐만 아니라, 쇠고기, 양고기, 각각의 내장, 또는 채소, 허브 등을 넣어서 만들기도 한다. 다양한 크기와 모양이 있어서 자유롭게 사용할 수 있다.

비엔나 소시지 / 프랑크푸르트 소시지

KS(한국산업규격)에서는 양의 창자를 사용하거나 인공창자를 사용한 것으로 지름 20㎜ 미만의 소시지를 비엔나, 돼지창자를 사용하거나 인공 창자를 사용한 것으로 지름 20~36㎜의 소시지를 프랑크푸르트라고 정하고 있다. 가열, 훈제, 소금절임의 유무, 조미료, 굽는 방법에 따라 다양한 종류가 있다.
(사진 왼쪽부터) ● 훈제 소시지 : 매운맛 소시지(롱타입), 돼지다짐육 소시지(롱타입), 매운맛 비엔나, 돼지다짐육 비엔나 ● 훈제하지 않은 소시지 : 바이스부르스트(Weisswurst), 허브 소시지, 갈릭 소시지, 생 소시지

POINT
비엔나와 프랑크푸르트 소시지는 각각 만드는 방법과 맛에 따라 맛을 살리는 가열방법이 다르다. 데치거나, 굽는 등의 조리 방법을 선택한다.

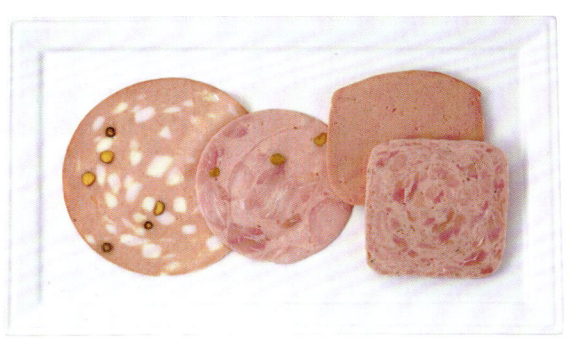

볼로냐 소시지

KS(한국산업규격)에서는 소의 창자를 사용하고, 지름 36㎜ 이상인 소시지를 볼로냐 소시지라고 정하고 있다. 크기가 크기 때문에 비엔나 소시지, 프랑트푸르트 소시지와는 다른 고기의 맛을 즐길 수 있다.
(사진 왼쪽부터) 모르타델라(Mortadella), 비어싱켄(Bier Schinken), 레버케제(Leberkäse), 플라이쉬케제(Fleischkaese)

POINT
얇게 썬 모르타델라와 비어싱켄은 차갑게 사용하고, 두껍게 썬 레베케제와 플라이쉬케제는 굽는 것이 좋다.

살라미 소시지

살라미 소시지는 건조 소시지인데, KS(한국산업규격)에서는 가열하지 않고 건조 또는 발효시킨 것으로 수분 함량이 35% 이하인 것을 건조 소시지, 가열하지 않고 건조 또는 발효시킨 것으로 수분 함량이 55% 이하인 것을 반건조 소시지로 분류한다.
(사진 왼쪽 위) 흰곰팡이 살라미, (사진 왼쪽 아래부터) 밀라노 살라미(Milano salame), 펠리노 살라미(Felino salami), 초리소(Chorizo), 가열해서 만든 스파이시소프트 살라미

POINT
생햄과 마찬가지로 염분이 많지만 숙성에 의해 고기의 감칠맛을 제대로 즐길 수 있다. 가열하지 않고 그대로 사용한다

그 밖의 육가공품

기본 햄과 소시지 외에도 여러 가지 돼지고기 가공품과 쇠고기, 닭고기 가공품이 있다. 빵의 종류, 사용하는 소스와 채소에 따라 폭넓게 활용할 수 있다. 이 책에서 사용한 제품을 소개한다.

비프 파스트라미
쇠고기의 감칠맛을 검은 후추로 돋우었다. 미식가를 위한 구루메 샌드위치에 잘 어울린다.

돼지고기 리예트
오랫동안 조린 돼지고기를 페이스트 상태로 으깬 것(p.53 참조)이다.

데리야키 치킨
매콤달콤한 간장맛 치킨은 채소와 잘 어울린다. 오리엔탈 샌드위치에 어울린다.

훈제치킨
닭고기 가슴살을 훈제하여 담백하다. 사용하기 편하며 중독되기 쉬운 맛이다.

콘드비프
비프 파스트라미와 어깨를 나란히 하는 미국의 샌드위치에 쓰이는 단골재료. 듬뿍 넣는다.

파테 드 캉파뉴
돼지고기와 간으로 만든 육가공품. 프랑스빵에 잘 어울린다.

파프리카 치킨
파프리카와 씨겨자의 향이 나는 치킨. 채소를 듬뿍 넣어서 먹으면 좋다.

탄두리치킨
향신료 향이 식욕을 자극한다. 조합하는 방법에 따라 개성적인 샌드위치를 만들 수 있다.

차슈
차슈는 빵과도 잘 어울려서 샌드위치에 넣어도 맛있다.

리버 페이스트
간의 깊은 맛이 호밀빵과 잘 어울린다.

삶은 닭고기
담백한 맛의 삶은 닭고기는 다양하게 활용할 수 있다.

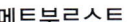

메트부르스트
독일에서 많이 먹는 페이스트 상태의 생살라미. 호밀빵에 잘 어울린다.

소스와 조미료

> **기본 소스**

소스는 샌드위치의 기본 재료 중 하나이다. 시판 제품을 사용하더라도 다양한 소스를 섞어서 새로운 맛을 낼 수 있다.

마요네즈
샌드위치에 많이 사용하는 기본 소스. 대부분의 재료와 잘 어울린다.

우스터 소스
일본에서 만든 점도가 낮은 소스. 양식 메뉴에 잘 어울린다.

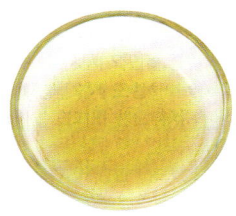

비네그레트 소스
식초 : 오일=1 : 3이 기본 배합. 좋아하는 식초와 오일을 선택하고, 디종 머스터드와 양파, 다진 마늘을 넣는 등 취향에 맞게 만들 수 있다(p.61 참조).

토마토케첩
미국식 샌드위치에 자주 사용된다. 마요네즈와 섞어서 사용해도 좋다.

중농소스
우스터 소스보다 점도가 높고, 과일과 채소의 단맛을 느낄 수 있는 부드러운 맛이다.

베샤멜 소스
화이트 소스라고도 하며 부드럽고 깊은 맛의 소스. 핫 샌드위치에 잘 어울린다. 버터 30g과 밀가루 30g을 색이 나지 않게 볶다가 우유 500ml를 넣고 풀어준 다음, 소금, 흰 후추, 육두구로 간을 맞춘다. 밀가루를 제대로 볶는 것이 포인트이며, 체에 내리면 더 부드럽게 완성된다. 취향에 맞게 우유, 생크림을 넣으면서 농도를 조절한다. 데미그라스 소스나 미트 소스와 함께 사용해도 좋다.

간장
액체 상태이므로 마요네즈 등에 섞어서 사용한다.

데미그라스 소스
버터와 밀가루를 색이 나도록 볶아서 육수를 넣고 조린 진한 소스이다.

스위트칠리 소스
베트남과 타이 요리에 많이 사용하는 소스. 달고, 시고, 매콤한 맛이 조화를 이룬다.

칠리 소스
고추의 매운맛을 가진 토마토 베이스의 소스. 어패류에 잘 어울린다.

소금, 향신료, 허브

샌드위치에서 향신료, 허브, 소금은 매우 적은 양을 넣지만 맛을 결정하는 데 중요한 역할을 한다. '2% 부족한 맛'이라고 생각될 때 사용하면 좋은 조미료를 소개한다.

소금
모든 요리에서 가장 기본이 되는 조미료. 천일염, 암염, 지역별 소금 등 여러 종류가 있으므로 취향에 따라 선택한다.

검은 후추
덜 익은 후추 열매를 말린 것으로 강한 향과 매운맛이 특징. 굵게 갈아서 포인트 재료로 사용하면 좋다.

카옌페퍼
생칠리를 갈아서 가루로 만든 것. 매운맛이 강해서 적은 양으로도 포인트 맛이 된다.

플뢰르 드 셀
프랑스어로 '소금의 꽃(Fleur de sel)'이라는 의미. 입자가 큰 천일염이다. 프랑스 서부 게랑드 지역의 소금이 유명하며, 미네랄 성분이 많이 함유되어 풍미가 좋다.

흰 후추
완전히 익은 후추 열매를 말린 것으로 검은 후추에 비해 맛이 순하다. 곱게 갈아서 밑간할 때 사용하면 좋다.

에스플레트 고춧가루
프랑스 바스크 지역의 특산품 고추로 만든 고춧가루. 단맛과 매운맛이 균형을 이루고 풍부한 풍미를 지닌다.

딜
산뜻한 향이 어패류와 잘 어울리며, 동결건조한 것은 토핑으로 사용하면 편리하다. 달걀 샐러드에도 잘 어울린다.

붉은 후추
남아메리카산 스키누스 페퍼의 열매로 후추와는 다른 종류. 달콤한 향이 특징이며, 주로 장식으로 사용한다.

칠리파우더
카옌페퍼를 기본으로 마늘, 커민, 오레가노 등을 섞어서 멕시칸 요리에 잘 어울리는 혼합 향신료.

에르브 드 프로방스
프랑스 프로방스 지방의 혼합 향신료. 상쾌한 풍미로 토마토가 들어간 소스나 닭고기, 어패류에 잘 어울린다.

카레가루
여러 종류의 향신료가 조합된 시판 카레가루는 소스에 포인트로 사용하기 좋다.

시치미토가라시
고춧가루를 기본으로 한 일본 조미료. 동양풍 맛을 낼 때 사용하면 좋다.

포인트가 되는 조미료와 재료

개성강한 맛의 조미료, 식감, 향 등의 포인트가 되는 재료를 기본 재료나 소스와 조합하면 효과적으로 사용할 수 있다.

여러 가지 조미료

소스나 토핑으로도 사용할 수 있는 포인트 재료

씨겨자
겨자씨가 그대로 씹히는 식감을 즐길 수 있다. 부드러운 매운 맛이 특징이다.

안초비
멸치류를 소금에 절인 것. 니스풍 샐러드에 빼놓을 수 없는 재료. 감자와 달걀에 잘 어울린다.

우메보시 페이스트
'우메비시오(うめびしお)'라고도 부르며 오리엔탈 샌드위치에 잘 어울린다.

코르니숑
작은 오이피클. 햄이나 리예트 샌드위치에 사용하거나, 잘게 다져서 소스에 넣어도 좋다.

디종 머스터드
프랑스 디종의 전통적인 머스터드. 신맛과 매운맛이 조화를 이루었다.

바질 페이스트
바질과 마늘, 올리브유로 만든 페이스트. 샐러드와 치킨에 잘 어울린다.

와사비
고추냉이(와사비) 가루를 물에 이겨서 만든 것. 쇠고기와 익히지 않은 채소에 어울린다.

블랙 올리브
샐러드풍 샌드위치의 토핑으로 사용한다. 블랙 올리브는 완숙한 열매이며, 덜 자란 열매는 녹색이다.

타프나드
프랑스 남부 프로방스 지방의 블랙 올리브로 만든 페이스트. 샐러드풍 샌드위치에 좋다.

누오크맘
베트남을 대표하는 조미료. 작은 생선을 소금에 절여서 발효시킨 피시소스.

된장
풍부한 풍미와 감칠맛이 있어서 소스에 넣거나 맛을 내는 양념으로 사용한다. 미소된장도 가능.

케이퍼
케이퍼의 꽃봉오리로 만든 피클. 훈제연어와 단짝이다.

아욜리
프랑스 남부 프로방스 지방의 마늘 마요네즈. 샐러드풍 샌드위치에 잘 어울린다.

고추장
우리 요리에 빼 놓을 수 없는 매운맛 조미료. 단맛과 감칠맛이 빵에 잘 어울린다.

유자후추(柚子胡椒)
유자와 고추, 소금으로 만든 매운맛 조미료. 산뜻한 향이 특징이다.

세미드라이 토마토
토마토의 감칠맛과 단맛이 응축되어 있어서 적은 양으로도 맛의 포인트가 된다.

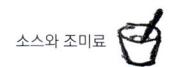

소스와 조미료

조미료 조합법

마요네즈의 응용
사용 빈도가 높은 마요네즈를 기본으로 하고 포인트가 되는 조미료를 더하면 쉽고 간단하게 여러 가지 소스를 만들 수 있다.

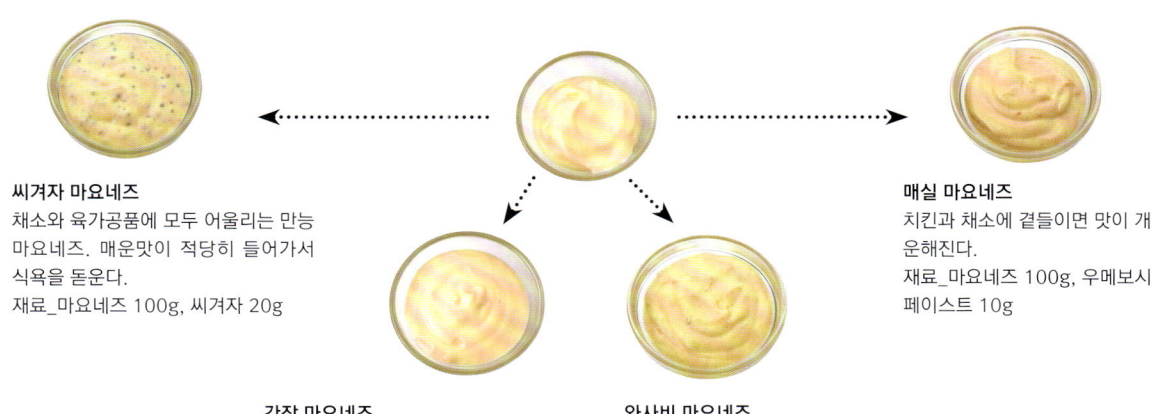

씨겨자 마요네즈
채소와 육가공품에 모두 어울리는 만능 마요네즈. 매운맛이 적당히 들어가서 식욕을 돋운다.
재료_마요네즈 100g, 씨겨자 20g

매실 마요네즈
치킨과 채소에 곁들이면 맛이 개운해진다.
재료_마요네즈 100g, 우메보시 페이스트 10g

간장 마요네즈
정통 조합에 바르면 동양풍 맛을 즐길 수 있다.
재료_마요네즈 100g, 간장 10g

와사비 마요네즈
산뜻한 매운맛이 쇠고기나 아보카도와 잘 어울린다.
재료_마요네즈 100g, 와사비 10g

크림치즈의 응용
크림치즈는 빵에 바르는 기본 페이스트로, 디저트에까지 폭넓게 사용된다.

연어 크림치즈
주재료로도 사용할 수 있는, 맛의 균형이 잘 맞는 소스.
재료_크림치즈 100g, 훈제연어(굵게 다진 것) 30g, 케이퍼(다진 것) 5g, 레몬즙 1큰술, 화이트와인 조금

블루베리 크림치즈
크림치즈의 신맛과 잼의 단맛의 조화가 훌륭하다. 좋아하는 잼으로 만들면 좋다.
재료_크림치즈 100g, 블루베리잼 30g

허브 크림치즈
산뜻한 향이 신선하다. 훈제연어나 생햄에 잘 어울린다.
재료_크림치즈 100g, 다진 허브(딜, 차이브, 이탈리아 파슬리 / 취향에 따라 2~3종류) 15g

검은 후추 크림치즈
검은 후추의 향과 매운맛이 잘 어우러진 심플한 맛. 채소와 대부분의 육가공품에 잘 어울린다.
재료_크림치즈 100g, 검은 후추(굵게 간 것) 5g

채소 밑준비

채소의 밑준비는 완성된 샌드위치의 맛에 큰 영향을 준다.
여기서는 샌드위치에 사용하는 기본 채소의 밑준비와 사용 방법의 예를 소개한다.
※ 날것으로 먹는 채소를 씻고 보관하는 것은 위생관리가 철저히 이루어진 상태에서 해야 한다.

잎채소의 물기 제거

잎채소는 신선한 식감으로 즐기는 채소이다. 차가운 물에 담가 아삭하게 만든 다음, 물기를 완전히 제거하고 사용한다.

순서
1. 양상추, 상추, 써니양상추 등의 잎채소는 깨끗이 씻은 다음 탈수기로 물기를 완전히 제거한다.
2. 깨끗이 소독한 용기나 식품용 비닐팩에 넣어서 냉장보관한다.
3. 사용할 때는 키친타월로 여분의 물기를 제거한다.

물기 제거에는 샐러드스피너
(채소 탈수기)가 필수.

키친타월로 물기를 제거한다

오이

오이는 오돌토돌한 돌기 부분에 균이 번식하기 쉬우므로 꼼꼼하게 씻어야 한다.

순서
1. 오이의 돌기를 칼이나 필러로 제거한 다음 씻어서 물기를 제거하고 원하는 두께로 썬다.
2. 깨끗이 소독한 용기에 넣고 냉장보관한다.

강판을 이용하면 균일한 두께로 썰 수 있다.
원하는 크기, 두께, 모양으로 만들 수 있다.

+α 아이디어

오이를 살짝 절인다
얇게 썬 오이에 소금을 뿌리고 주무르거나, 식초를 뿌려서 절인다. 살짝 절이기만 해도 맛과 식감이 모두 달라진다.

채소 밑준비

토마토

토마토는 두께와 밑준비에 따라 맛이 크게 달라진다. 식빵에 넣을 경우에는 둥글게 써는 경우가 많고 작은 빵에 넣을 때는 반달썰기한다. 이 책에서는 토마토 씨를 제거하지 않고 사용했지만 수분이 많아서 걱정될 경우에는 씨를 제거하고 사용한다.

순서
1. 토마토는 꼭지를 따고 씻어서 물기를 제거한 다음, 원하는 두께로 썬다. 반달모양, 둥근모양으로 자를 때는 꼭지가 위로 오게 놓고 가로로 평평하게 자른다.
2. 깨끗이 소독한 용기에 키친타월을 깔고 나란히 올려서 냉장 보관한다.
3. 사용할 때는 키친타월로 여분의 물기를 제거한다.

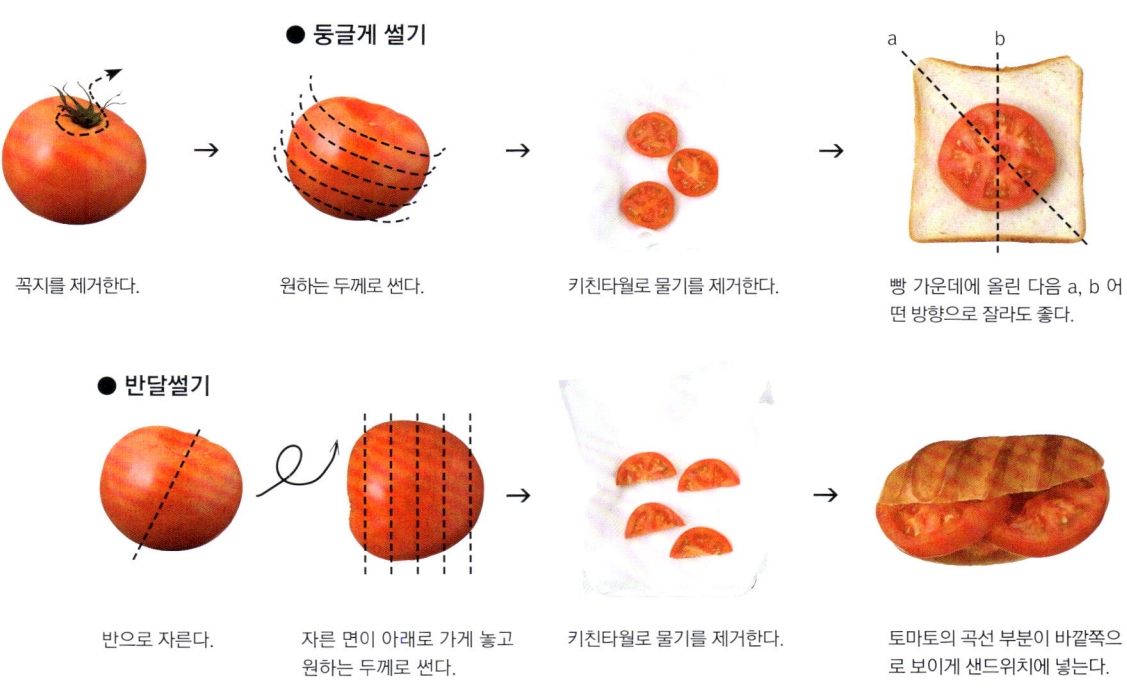

● 둥글게 썰기

꼭지를 제거한다. → 원하는 두께로 썬다. → 키친타월로 물기를 제거한다. → 빵 가운데에 올린 다음 a, b 어떤 방향으로 잘라도 좋다.

● 반달썰기

반으로 자른다. → 자른 면이 아래로 가게 놓고 원하는 두께로 썬다. → 키친타월로 물기를 제거한다. → 토마토의 곡선 부분이 바깥쪽으로 보이게 샌드위치에 넣는다.

+α 아이디어

토마토 세미콩피를 만든다
토마토는 가열하면 감칠맛이 응축된다. 오븐으로 간단히 만들 수 있는 세미콩피는 그래뉴당이나 꿀로 단맛을 주는 것이 포인트. 핫 샌드위치에 잘 어울린다.

만드는 방법
얇게 썬 토마토를 철판에 올리고, 소금, 흰 후추, 올리브유, 그래뉴당(또는 꿀), 타임, 마늘가루를 뿌린 다음 180℃ 오븐에서 15분 정도 굽는다.

양파

양파는 자르는 방법에 따라 식감이 달라진다. 얇게 썰 경우에는 채칼을 사용해도 좋다. 양파의 결과 직각 방향으로 자르면 매운맛 성분이 빠져나가서 날 것으로 먹을 때 좋고, 결을 따라 자르면 아삭한 식감이 살아서 가열할 때 좋다.

다져서 사용할 경우에는 뿌리 부분을 조금 남기고(잘리지 않게 주의한다) 칼집을 넣으면 흩어지지 않아서 편리하다.

매운맛이 강할 경우 소금을 넣고 가볍게 주무른 다음 물에 헹구거나, 식초를 넣은 물에 헹군다.

위아래를 자르고 껍질을 벗긴다.

반으로 자른다.

● 결과 직각으로 자른다

매운맛 성분이 빠져나가서 가열하지 않고 그대로 먹을 수 있다.

● 결을 따라 자른다

식감이 좋아서 가열용으로 적합하다.

● 다진다

뿌리 부분을 조금 남기고 결을 따라 잘게 칼집을 낸다.

뿌리 부분은 남기고 반대쪽에서 도마와 수평이 되도록 칼집을 낸다.

세로로 자르면 잘게 다져진다.

+α 아이디어

양파 마리네이드
얇게 썬 양파를 비네그레트 소스에 절인다. 매운맛을 없앨 때도 좋다. 마무리 포인트 맛으로 활용한다.

파프리카

파프리카는 빨강과 노랑 2가지 색을 섞어서 사용하면 선명한 색감이 살아난다.
안쪽 흰 부분에는 쓴맛이 있으므로 깨끗이 제거한다. 이런 작은 수고 하나로 맛이 달라진다.
샌드위치를 잘랐을 때 파프리카가 잘 보이게 하려면 결을 따라 막대모양으로 길게 자른다. 작은 빵에 넣을 때는 파프리카의 곡선을 살려서 결과 직각으로 잘라서 사용한다.

순서
1. 파프리카는 반으로 잘라서 씨와 흰 부분을 제거한다.
2. 깨끗이 씻은 다음 원하는 두께로 자른다.
3. 깨끗이 소독한 용기 또는 비닐팩에 넣어서 냉장보관한다.
4. 사용할 때는 키친타월로 물기를 제거한다.

● 결을 따라 자른다

 →  → 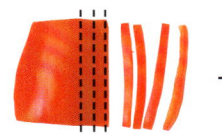 →

반으로 잘라서 위 아래를 자른다.

안쪽의 흰 부분을 깨끗이 제거한다.

결을 따라 막대모양으로 길게 자른다.

식빵에 넣을 경우에는 파프리카가 잘 보이도록 자르는 방향과 직각이 되도록 올린다.

● 결과 직각으로 자른다

 →  →

반으로 잘라서 씨와 흰 부분을 제거한다.

결과 직각으로 자르면 곡선을 살릴 수 있다.

곡선이 밖으로 보이게 넣는다.

+α 아이디어

파프리카 마리네이드
파프리카를 손질할 때 잘라낸 위아래 토막을 잘게 다져서 비네그레트 소스에 절인다. 마무리할 때 포인트로 넣거나 토핑 재료로 사용하면 좋다.

샌드위치의 조립 방법

샌드위치는 재료를 올리는 순서, 넣는 방법, 자르는 방법에 따라 완성된 모습이 달라진다.
또한, 조립 방법에 따라 먹는 느낌과 맛도 달라진다.
여기서는 식빵 샌드위치의 기본 조립 방법을 예로 들어 주의할 점을 설명하였다.

재료를 올리는 순서

채소와 소스를 올리는 방법이 포인트. 특히 수분이 많은 토마토와 소스의 위치가 중요하다.
BLT(p.68~69 참조)를 예로 들어 재료 올리는 순서를 설명한다.

NG! POINT A) 빵 + 토마토
빵과 토마토가 직접 닿으면 토마토의 수분이 빵에 흡수되어
축축해진다.

● 개선 POINT
➡ **빵과 토마토가 직접 닿지 않게 한다.**
빵에 버터를 바르면 토마토의 수분이 빵에 흡수되는 것을 막을 수 있다.
단, 토마토와 빵은 반드시 떨어뜨려 놓는다.

NG! POINT B) 토마토 + 양상추
토마토와 양상추에 간을 하지 않아서 맛이 약해진다.

● 개선 POINT
➡ **토마토와 양상추 사이에 소스를 뿌린다.**
토마토와 양상추에 모두 소스가 묻어서 맛이 살아난다.
또, 소스가 접착제 역할을 해서 토마토와 양상추가 안정적으로 자
리를 잡는다.

NG! POINT C) 소스 + 빵
소스의 수분이 빵에 스며들어 축축해진다.

● 개선 POINT
➡ **소스와 빵이 직접 닿지 않게 한다.**
빵에 버터를 바르면 소스의 수분이 빵에 흡수되는 것을 어느 정도는 막을 수 있다.
그러나 A와 마찬가지로 버터를 발라도 수분이 흡수되는 것을 완전히 막을 수는
없으므로 기본적으로 소스와 빵이 닿지 않게 하는 것이 가장 좋다.

OK! POINT
● 빵에 버터를 바른다.
● 수분이 많은 채소와 소스는 빵에 닿지 않게 한다.
● 소스는 간을 하지 않은 채소 사이에 넣는다.
● 소스를 접착제로 활용한다.

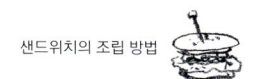

양상추 넣는 방법

양상추는 색이 옅고, 두께가 얇아서 1장만 사용하면 잘랐을 때 잘 보이지 않는다.
샌드위치에 녹색을 더하고 싶을 때는 양상추보다 상추가 좋다.
색도 짙고, 끝부분이 물결모양이기 때문에 1장으로도 충분히 존재감이 살아난다.
양상추를 사용하는 경우에는 여러 번 말아서 넣으면 부피감도 살고, 맛과 색을 모두 충족시킬 수 있다.

● 푸짐한 양상추 샌드위치 만드는 방법

양상추 1장을 그대로 사용한다. 먼저 두꺼운 심부분을 구부러진 방향을 따라 접는다.

양 옆을 안쪽으로 말아 넣어서 롤 모양이 되게 한다.

둥글게 만 다음 위에서 손바닥으로 살짝 눌러서 벌어지지 않게 한다.

빵에 넣고, 말아 넣은 방향과 직각이 되도록 자르면 자른 면에 볼륨이 살아난다.

필링 넣는 방법

달걀 샐러드와 참치 샐러드는 같은 양이라도 넣는 방법에 따라 잘랐을 때의 모습이 달라진다. 가운데를 볼록하게 할 것인지, 두께를 균일하게 할 것인지 취향에 따라 선택한다.

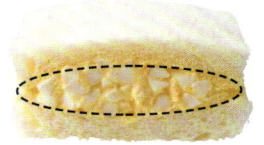

가운데를 볼록하게 만든다
가장자리를 자를 것을 염두에 두고 필링이 빠져나가지 않도록 가운데에 올린다. 가운데 부분을 볼록하게 만들면 부피감을 살릴 수 있다.

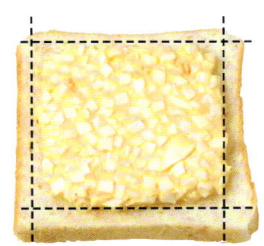

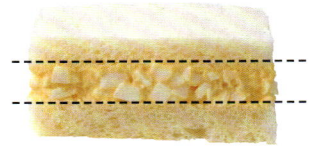

두께를 균일하게 만든다
빵의 가장자리까지 필링이 균일하게 들어가도록 넣는다. 가장자리를 자를 때 필링이 조금 빠져나갈 수 있지만 보기 좋게 완성된다.

자르는 방향

재료를 올리는 방법과 자르는 방향에 따라 자른 면의 모습이 크게 달라지므로 잘랐을 때의 모습을 생각하면서 만드는 것이 중요하다. 여기서는 알기 쉽게 얇게 썬 오이로 그 차이점을 설명하였다.

● 사각식빵

● 둥근식빵

오이를 길게 자르면 자른 면이 납작하고 볼륨이 없다.

긴 방향과 직각으로 자른다. 껍질의 짙은 녹색과 안쪽의 옅은 연두색의 대비가 보기 좋으며, 볼륨도 살아난다.

사각식빵의 경우와 마찬가지로 볼륨이 없다. 둥근식빵의 길이가 두드러져서 단조로운 느낌.

사각식빵의 경우와 마찬가지로 색의 대비가 보기 좋고 볼륨도 살아난다. 오이의 두께와 양은 취향에 맞게 조절한다.

같은 방법으로 재료를 올리더라도 자르는 방향을 달리하면 자른 면이 보기 좋다.

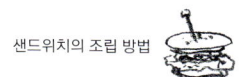

샌드위치의 조립 방법

식빵 자르는 방법

샌드위치는 자르는 방법에 따라 완성 모습이 크게 달라진다. 조합하는 속재료나 용도에 따라 자르는 크기와 가장자리를 자를지의 여부를 결정한다. 여기서는 이 책에서 주로 사용한 자르는 방법을 중심으로 소개한다.

● **사각식빵 자르는 방법**

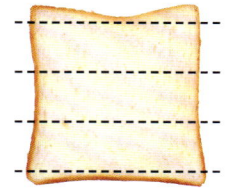 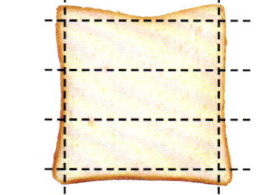 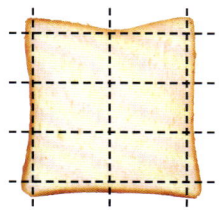

1. 위아래 가장자리를 자르고 3등분한다. 가장자리는 2변만 잘라서 균형을 맞춘다.

2. 양옆 가장자리도 자른다. 기본적인 방법으로 포장할 때 편하다.

3. 반을 더 잘라서 6등분한다. 티 샌드위치를 만들 때 좋은 방법이다.

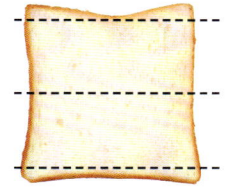 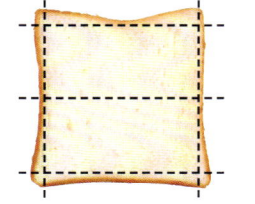 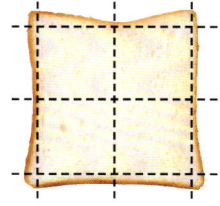

4. 위아래 가장자리를 자르고 2등분한다. 가장자리는 2변만 잘라서 균형을 맞춘다.

5. 양옆 가장자리도 자른다. 어슷하게 2등분해도 좋다.

6. 반을 더 잘라서 4등분한다. 자르기 편하고 먹기 편한 크기.

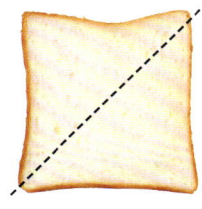 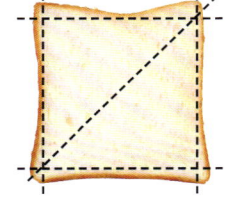 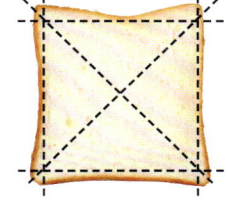

7. 삼각샌드위치는 가장자리를 자르지 않아야 볼륨이 살아난다.

8. 가장자리를 모두 자르면 고급스러운 삼각 샌드위치가 된다.

9. 반을 더 잘라서 삼각형 모양으로 4등분한다. 클럽 샌드위치를 만들 때 좋은 방법이다.

● **둥근식빵 자르는 방법**

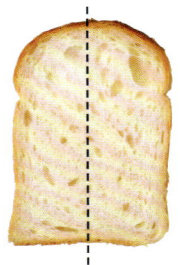  

1. 세로로 2등분하면 가장자리까지 보기 좋게 잘라진다.

2. 어슷하게 2등분해서 접시에 담으면 보기 좋다.

3 아래쪽만 가장자리를 자르고 가로로 3등분한다. 포장할 때 편하다.

재료별 색인

빵

감자빵	209
곡물빵	172, 175
곳페빵	17, 139, 140, 141, 156
난	179
둥근식빵	10, 11, 58 96
말린 무화과 호밀빵	201
미니 바게트	201
미니 버터롤	204
미니 크루아상	204
미니 포카치오	168
미니 허니롤	204
바게트	12, 23, 46, 47, 48, 55, 159, 169, 209, 217
바이첸미슈브로트	15, 100
바타르	12, 49, 167, 168, 191
베를리너 란드브로트	151
베이글	17, 84, 85, 86, 87
브뢰첸	14, 104, 105, 106, 157, 180
브리오슈 드 낭테르	14, 97, 165
비에누아즈리	14
사각식빵	10, 31, 36, 37, 38, 57, 59, 68, 69, 74, 75, 134, 135, 136, 143, 155, 163, 167, 173, 203, 204
소프트 타입의 프랑스빵	128, 129, 130, 131, 182, 183
슈톨렌	201
잉글리시 머핀	17, 43, 88, 89, 90, 91, 189, 190, 191, 192
잡곡 사각식빵	82, 161
참깨빵	153
치아바타	16, 42, 63, 108, 110, 112, 113, 172, 174
카이저젬멜	14, 107
크루아상	14, 176
토르티아	16, 92, 167
통밀 둥근식빵	33, 41, 154, 177, 205
통밀 미니곳페빵	141
통밀 사각식빵	38, 39, 70, 193
통밀식빵	10, 41
파커 하우스 롤	154
팽 드 미(식빵)	10
팽 드 캉파뉴(캉파뉴)	13, 52, 53, 54, 137, 157, 167, 189, 200, 217, 218, 221
팽 비에누아(비에누아)	14, 62
팽 오 레	197, 205
팽 오 세글	13, 18, 65, 195, 196
포카치아	16, 61, 83
품퍼니켈	15, 103, 195
프티 비에누아	168
플라워 토르티아	16, 93, 94, 95
피셀	106, 168, 196, 203, 207
피타	17, 24, 120, 122, 123, 124, 125, 183
핫도그빵	160
현미 둥근식빵	71
현미 미니도그	204
호두&건포도 호밀빵	197, 201
호두가 들어간 프랑스빵	164
호두호밀빵	195
호밀 사각식빵	32, 38, 76, 208
호밀 크루통	195
호밀빵	80, 81, 100, 101, 116, 117, 119
호박식빵	167

소스, 조미료, 버터

간장마요네즈	206, 207
고추냉이(와사비) 간장 마요네즈	71
과카몰리	94, 95, 103, 178, 180
그레이비 소스	30, 31, 119
누오크 맘	128, 129, 130, 131
데미그라스 소스	136, 226
돈가스 소스	134~136, 141, 153, 167
디종 머스터드	23, 38, 46, 47, 52, 53, 61, 62, 65, 69, 168, 169, 191, 196, 201, 203, 205, 206, 226
따뜻한 마요소스	90
러시안 드레싱	78, 80, 81
레몬 버터	38, 65, 157, 161, 202, 203, 215
로크포르 버터	65, 215
미트 소스	187, 226
바질 페이스트	112, 228
버섯 소스	188
베샤멜 소스	57, 58, 59, 91, 167, 186, 187, 188, 226
베샤멜치즈 소스	91
블루치즈 버터	202, 203
블루치즈 소스	82
비네그레트 소스	23, 61, 62, 90, 102, 140, 154, 161, 172, 174, 175, 190, 193, 201, 152, 226, 232, 233
사우전드 아일랜드 드레싱	81, 83, 154
사워마요네즈크림	118
사워크림	31, 93, 94, 116, 117, 118, 195
살사 멕시카나	93, 94, 95, 178, 179
샤르퀴트리 소스	33
시로미소 머스터드	206, 209
시저 샐러드 드레싱	70
씨겨자 마요네즈	32, 49, 167, 168, 176, 229
아욜리	62, 168, 172, 174, 228
안초비 버터	202, 203, 215
에스카르고 버터	186, 189, 193, 215
에스플레트 고춧가루	192, 227
오로라 소스	167
요구르트타히니 소스	123, 124, 125
우스터 소스	139, 226

잉글리시 머스터드	38
중농 소스	135, 139
칠리 소스	124, 125, 129, 130, 226
카레 마요네즈	77, 178, 181
타르타르 소스	137, 154, 155, 167
타프나드	63, 228
타히니 소스	120, 122
토마토 버터	176, 187, 202, 203, 215
토마토마요 소스	68, 69
할라피뇨 소스	93, 94
허니머스터드	106
허브 마요네즈	74, 75, 76, 175
홀랜다이즈 소스	88, 89, 90, 91
홀스래디시 크림	30, 31, 119
화이트와인 비네거	7, 123

치즈

검은 후추 크림치즈	229
고르곤졸라 치즈	82, 113, 215, 218
그뤼에르 치즈	23, 47, 56, 57, 58, 59, 76, 91, 187, 188, 220
라클레테 치즈	196
로크포르 치즈	65, 197, 215, 218
마리보 치즈	97, 119, 168, 181, 189, 204
마스카르포네 치즈	162, 165, 201, 219
모짜렐라 치즈	112, 113
몽도르	221
묑스테르 치즈	201, 221
미몰레트 치즈	201, 220
발랑세	221
부르생	219
브리 치즈	203, 205
브리야 사바렝 아피네	197, 217
블루베리 크림치즈	86, 229
생 모르 더 투렌	195, 221
슈레드 치즈	42, 57, 58, 59. 91, 93, 94, 187, 188
스위스 치즈	78, 81
슬라이스형 크림치즈	174
에멘탈 치즈	47, 57, 58, 59. 82, 83, 187, 188, 220
자연치즈	216, 219
체다치즈	38, 154, 220
카망베르	26, 48, 54, 169, 197, 201, 217
콩테 치즈	23, 24, 26, 46, 47, 220
크로텡 드 샤비뇰	201
크림치즈	17, 84, 85, 86, 87, 101, 102, 147, 159, 162, 164, 167. 172, 174, 195, 202, 219, 229
탈레지오 치즈	113, 221
토마토 크림치즈	87
파르메산 치즈	63, 70, 110, 111, 168, 177, 203, 205
페코리노 로마노	201
푸름 당베르	26, 48, 54, 201, 215, 218
프로마주 블랑	219
허브 크림치즈	38, 65, 85, 201, 227
화이트 체다치즈	95

햄, 소시지

갈릭 소시지	178, 180, 224
검은 후추 소시지	157
데리야키 치킨	167, 204, 205, 225
돼지고기 리예트	52, 53, 65, 201, 203, 225
레버케제	107, 204, 224
로스트치킨	74, 75, 76, 93, 188
로스햄	24, 49, 95, 97, 128, 129, 155, 189, 223
리버 페이스트(레버 부르스트)	102, 106, 128, 129, 225
메트부르스트	103, 225
모르타델라 소시지	90, 113, 224
밀라노 살라미	224
바이스부르스트	224
베이컨	41, 42, 43, 59, 66, 68, 69, 70, 72, 74, 76, 88, 89, 96, 101, 102, 161, 190, 191, 193, 196, 208, 209
볼로냐 소시지	224
비어싱켄	107, 204, 224
비엔나 소시지	105, 106, 140, 204, 224
비프 파스트라미	32, 81, 82, 83, 225, 154, 176
사각 본레스햄	58
살라미	108, 111, 113, 224
생베이컨	69, 71, 75, 77, 201, 222
생소시지	41, 42, 224
생햄	65, 103, 111, 155, 158, 169, 174, 185, 190, 192, 194, 203, 205, 223, 224, 229
스파이시소프트 살라미	63, 205
싱켄스펙(생햄)	100, 223
초리소	192, 195, 224
컨트리로스트햄	48, 54, 174, 223
콘드비프	78, 80, 81, 225
탄두리치킨	77, 225
파테 드 캉파뉴	47, 178, 181, 225
파프리카 치킨	177, 225
페퍼싱켄	26, 48, 54, 56, 91, 223
푸아그라 파테	196, 202
프랑크푸르트 소시지	105, 224
프로슈토	87, 110, 111, 112, 147, 159, 165, 168, 174, 201, 223
플라이쉬케제	105, 224
허브 소시지	160, 179, 178, 224
화이트 본레스햄	38, 46, 47, 57, 223
훈제 소시지	224
훈제치킨	97, 167, 183, 225
흰곰팡이 살라미	224
하몬 세라노	211

지은이 NAGATA YUI

식품회사에서 베이커리용 메뉴 개발과 샌드위치 기획을 담당. 퇴사 후 꿀 전문점에서 상품을 개발하고 요리교실을 기획·운영하였다. 현재는 독립하여 메뉴 개발 컨설팅, 빵과 치즈·꿀에 관한 각종 세미나의 강사와 잡지를 비롯한 도서의 푸드 코디네이터 등으로 활동하고 있다. 〈일본소믈리에협회〉에서 인정하는 와인 어드바이저, 〈치즈프로페셔널협회〉에서 인정하는 치즈프로페셔널, 〈중의약연구회〉에서 인정하는 중의국제약선사와 프랑스의 요리학교 〈르 꼬르동 블루〉에서 그랑디플롬을 취득하였다.

옮긴이 용동희

서강대학교 화학공학 석사, 경희대학교 조리외식 석사를 마치고 각종 잡지와 신문에 요리 기사를 연재하며 활발히 활동 중인 요리연구가 겸 푸드스타일리스트. KBS국제방송에서 일본에 한국요리를 소개하는 코너를 진행했으며, 일본인 대상 한국요리 강좌 및 대학과 문화센터 등에서 요리 강의를 하고 있다. 또한 한국에 일본 요리책을 소개하는 전문 번역가로도 활동 중이다.

샌드위치, 어떻게 조립해야 하나?

펴낸이	유재영
펴낸곳	그린쿡
지은이	나가타 유이
옮긴이	용동희
기획	이화진
편집	박선희
디자인	임수미·전지영
1판 1쇄	2014년 2월 10일
1판 12쇄	2023년 1월 15일
출판등록	1987년 11월 27일 제10-149
주소	04083 서울 마포구 토정로 53(합정동)
전화	324-6130, 324-6131
팩스	324-6135
E-메일	dhsbook@hanmail.net
홈페이지	www.donghaksa.co.kr	www.green-home.co.kr
페이스북	www.facebook.com/greenhomecook

ISBN 978-89-7190-439-8 13590

- 이 책은 실로 꿰맨 사철제본으로 튼튼합니다.
- 파본 등의 이유로 반송이 필요할 경우에는 구매처에서 교환하시고, 출판사 교환이 필요할 경우에는 위의 주소로 반송 사유를 적어 도서와 함께 보내주세요.

SANDWICH NO HASSOU TO KUMITATE ⓒ YUI NAGATA 2012
Originally published in Japan in 2012 by Seibundo Shinkosha Publishing Co. Ltd., TOKYO, Korean translation rights arranged with Seibundo Shinkosha Publishing Co. Ltd., TOKYO, through TOHAN CORPORATION, TOKYO, and EntersKorea Co., Ltd., SEOUL.
Korean translation rights ⓒ2014 Donghak Publishing Co.

이 책의 한국어판 저작권은 (주)엔터스코리아를 통해 저작권자와 독점 계약한 주식회사 동학사(그린쿡)에 있습니다. 저작권법에 의하여 한국 내에서 보호를 받는 저작물이므로 무단전재와 무단복제, 광전자 매체 수록 등을 금합니다.

 GREENCOOK은 최신 트렌드의 디저트, 브레드, 요리는 물론 세계 각국의 정통 요리를 소개합니다. 국내 저자의 특색 있는 레시피, 세계 유명 셰프의 쿡북, 한국·일본·영국·미국·이탈리아·프랑스 등 각국의 전문요리서 등을 출간합니다. 요리를 좋아하고, 요리를 공부하는 사람들이 늘 곁에 두고 보고 싶어하는 요리책을 만들려고 노력합니다.